LAONIAN JINRONG ZHISHI DUBEN

老年金融知识读本

中国老龄协会
中信银行股份有限公司 著

华龄出版社

责任编辑：李梦娇
责任印制：李未圻
绘　　图：陈　泉　虞韵涵　金匡弘

图书在版编目（CIP）数据

老年金融知识读本 / 中国老龄协会，中信银行股份
有限公司著 . -- 北京：华龄出版社，2019.10
　　ISBN 978-7-5169-1473-1

　　Ⅰ.①老… Ⅱ.①中… ②中… Ⅲ.①金融学—中老
年读物　Ⅳ.① F830-49

中国版本图书馆 CIP 数据核字（2019）第 202138 号

书　　名：老年金融知识读本
作　　者：中国老龄协会　中信银行股份有限公司　著

出版发行：华龄出版社
地　　址：北京市东城区安定门外大街甲57号　　邮　编：100011
电　　话：010-58122246　　　　　　　　　　传　真：010-84049572
网　　址：http://www.hualingpress.com

印　　刷：人卫印务（北京）有限公司
版　　次：2019年10月第1版　　2021年4月第3次印刷
开　　本：710mm×1000mm　　1/16　　　　　印　张：10.5
字　　数：101千字
定　　价：48.00元

编 委 会

前　言

　　从新中国成立至今，70年光阴转瞬即逝。在这个过程中，经济社会显然已发生了翻天覆地的变化，其中人口年龄结构也处在巨变之中：中国仅用了不到30年便完成了从年轻型人口到老年型人口的转变。

　　直到如今，人口老龄化仍在加剧。数据显示，2018年，我国60周岁及以上人口达到24949万人，占总人口的比重为17.9%；65周岁及以上人口为16658万人，占总人口的比重为11.9%；并且将在2022年至2035年进入人口老龄化高峰期。

　　老年人在社会经济发展中占据着重要的位置。对于老年人来说，是不是也可以通过自己的实际行动来为自己的夕阳生活添彩呢？是不是可以过得更充实更有意义呢？

　　"生活不仅有眼前的苟且，还有诗和远方"，即便已到晚年，我们依然拥有追求幸福、有品质生活的权利；即便是在移动互联网高速发展的今日，我们依然可以做到事事精通，线上、线下支付皆不在话下，各种消费方式门儿清；即便是收入来源只有退休金，我们依然可以通过投资理财实现财富保值增值，在保证资金安全的前提下获得额外收益。

我们就是要做这样一群持有积极老年观的人！但是，如何做到呢？对此，本书通过消费用钱篇、投资理财篇、财富传承篇、资金安全篇四大部分进行了详细阐述。其中，投资理财篇和财富传承篇是全书的亮点。

随着全球经济竞争的日趋激烈，以及互联网金融的快速发展，目前的投资理财工具也越加多元化——银行理财、基金、保险、贵金属、信托等一系列产品五花八门。如何在这些琳琅满目的产品中做好理财规划，选取适合自己的那一款，并以此保证更好地享受晚年生活，无疑是大家的关注重点。

同时，如果您的经济条件较为宽松，您的财富积累也已经可以让您过上晚年无忧的生活，那么如何将财富稳妥地传承给您的下一代，是不是也将是您所急需了解的呢？除了为大家所熟知的赠与、遗嘱、民法继承等非金融工具资金传承方法，是不是可以借助一些金融工具去更好地进行呢？

对此，在本书的"财富传承篇"中将重点对两大传承金融工具"保险"和"家族信托"进行详细阐述。如果您考虑财富稳妥地传承给下一代甚至更多代的时候，既要兼顾资产的保全隔离，又要防止后代婚姻变故导致的财富外流，还要避免子孙后代挥霍财富、坐吃山空，那么便可以重点关注一下家族信托。

　　"追求幸福的脚步永远都在路上，只要我们的生命存在一天，那就不要停止！"作为新时代的老年人，我们有条件也更有机会成为"有作为、有进步、有快乐"的"三有"老年人。在保持健康体魄的同时，精通新时代消费的各种玩法，掌握各种投资理财窍门，打理好自己的家庭财富，何乐而不为呢？

　　"永远年轻，永远自信快乐"，即便我们进入老年，我们依旧可以保持一颗永远积极向上、永远年轻的心；即便这个时代的发展就像高速列车那般飞速，我们依旧可以在千变万化之中适应潮流，坚守信念，继续实现自己的人生价值，触碰到人生更有意义的那一瞬间！

目录
Contents

资金安全篇

第一章　家庭财务规划三部曲

北宋著名政治家、文学家王安石曾说，"善理财者，不加赋而国用足"。可见，理财观念古已有之。做好家庭理财规划确实是一件利国利民的好事。

那么，对于老年人来说呢？同样如此！

如今，随着中国经济发展的突飞猛进，新时代下的老年人也已呈现出新的特质和新的需求，皆希望在自己的退休生活中寻找到第二人生目标。

比如，有些老人希望在保持健康体魄的同时，也打理好已积累的家庭财富，继续实现自己的人生价值；有些老人为了过好未来30~50年的退休生活，希望通过学习了解一些投资理财知识，去更好地规划晚年生活！

如此一来，科学的财务规划就更加显得弥足珍贵，这既是为了让老年人更加有品质地享受退休生活，更是对老年人苦心经营几十年的劳动所得的珍惜和敬畏。

作为老年人，在面对基金、保险、贵金属、理财、国债、信托、股票等丰富的理财产品和多元化的投资工具时，又该如何选择呢？如何进行合理的家庭资产配置从而实现财富的保值增值呢？

一、确定理财目标——老年人理财首选战胜通胀原则

理财的第一步就是要确定理财目标，不同年龄的人理财目标也是不一样的。如果20多岁，工作不久，收入有限，加上要考虑成家立业、买房买车等支出，往往是无财可理，此时其做理财配置时，要考虑量入为出，增加收入和资金积累，养成记账的习惯，提升自我；如果30多岁，事业正处于上升期，收入渐涨，但支出也不小，而且大都是上有老，下有小，还要偿还房贷，经济压力巨大，所以在理

财配置时，一定要合理进行资产配置，提高资产收益水平；如果到了40多岁，事业正处于发展的最好时期，收入颇丰，正是家庭的顶梁柱，要为了全家生活条件的改善，努力提供更好的房子、车子，这些都是不小的开支，肩上责任重大，此时财富管理一定要慎重；如果50多岁，其承受能力较之40岁又降低了，这时的策略更要稳妥，因为这时候如果配置失误出现大面积亏损，可能再难东山再起；如果60多岁，退休的年龄到了，大半生的积累足以衣食无忧，但通胀、货币贬值还是会侵蚀你的养老钱，从而影响晚年的生活品质，所以对老年人的配置建议，首选要做到战胜通胀就好了。

据国家统计局2019年7月1日发布的《沧桑巨变七十载　民族复兴筑辉煌——新中国成立70周年经济社会发展成就系列报告》显示，新中国成立70周年以来，我国国民经济持续快速增长，经济总量连上新台阶，2018年我国人均国民总收入达到9732美元（约合人民币6.68万元），高于中等国家平均水平。各位老年朋友可以自己算一下比您20世纪70年代的收入增长了多少倍？是不是已经战胜了通胀啊？

所以说通胀并不可怕，不理财才可怕，因为通胀是可以通过收入增长和投资理财战胜的。据国家统计局公布数据，2018年我国消费品价格指数（CPI）同比涨幅为2.1%，也就是说2018年的通胀水平只有2.1%，老年人把抵御通货膨胀对资产的侵蚀作为投资理财的首要目标也是可以实现的。

当然，每一个老年人的理财目标还是要具体问题具体分析，老年人可以到正规金融机构咨询专业的理财经理。

二、合理选择产品——遵循"安全性、流动性、收益性"三性统一原则

明确了自己的理财目标，就要选择合适的产品。金融投资产品就是帮助客户达到目标的工具，而工具本身没有好坏之分，关键是要达到目标。就像我们从北京首都机场回家有三种选择：

第一种是坐机场大巴，好处是经济实惠，出机场就可以乘坐，缺点是停靠站少，大多数情况下不能直接到家门口，下车后还要转一趟公交车，路上耗时较长，如果有急事或者带着大件、多件行李就不方便；

第二种方式是坐地铁，优势是比机场大巴更便宜，路上也不会堵车，耗时也最短；缺点是在地铁站还要转车，到站后也是要步行一段路才能到家；

第三种方式就是打车，优点就是可以直接到家，也省心，但缺点就是费用最高，路上也有堵车的风险。

以上三种方式各有优缺点，同样的道理，老年人战胜通胀的理财目标的达成也可以有多种选择，可以是国债，可以是银行大额存单，也可以是货币市场基金，还可以是趸交保险，但我们的投资理财产品选择要遵循"安全性、

流动性、收益性"三性统一原则。

（一）安全性原则

安全性，即到期能收回本息。

老年人收入主要以退休金为主，资金来源较退休前变少，大多受不了强烈的资金波动，风险承受能力相对较弱，所以老年的投资理财首先要关注的就是安全，应该以稳健的理财方式为主，国债、定期存款、银行推出的保本保息的理财产品安全性高、稳定性强，都很适合老年人，但是购买时要注意选择相对可靠的理财渠道。

任何投资都有风险，安全性是我们在投资时首先要考虑的。这个投资项目有什么风险？本金会不会亏损？我能接受多大的亏损？合作对象靠不靠谱？等等，这些问题，我们在投资之前，都需要先考虑。

对于投资来说，真正危险的并不是风险本身，而是不知道风险在哪里。如果我们只看到投资的收益而忽略风险的话，很可能就会被所谓的高收益所迷惑，而让自己的本金受到损失，甚至有去无回。当然，我们也不用过于畏惧风险而束手束脚，把自己大部分的资金存为活期，表面上看是守住了本金，但其实收益率跑不过通货膨胀，实际资产在贬值缩水。

（二）流动性原则

流动性，即一项投资的变现能力，变现能力越好，流动性就越好。

老年人在投资理财时要先明确自己的收入、支出、存款等，计划可用的闲置资金的大致金额，再规划购入哪些产品，切忌一次性全部买入一款理财产品，以防资金回笼困难。

（三）收益性原则

收益性，即一项投资的赚钱能力。

经济学上，风险和收益成正比例关系，风险越大，收益越高，低风险高收益的事情如火中取栗，如果有人跟你说100%保本、收益达到两位数以上的产品，千万不要

相信，因为你要的是利息，人家要的是你的本金。

前段时间网上流传一个丈母娘选女婿的段子：丈母娘考察了三个准女婿，对三个人都问了同样一个问题，你去年的收入是多少？A说100万元，B说500万元，C说1000万元，丈母娘心花怒放，正想答应C的求婚时，突然多了一个心眼儿，问你们的收入都是怎么来的啊？

A回答：我是一个著名的眼科医生，每月稳定地做5例手术，每月工资8万多元。

B回答：我也没有别的收入，只是去年买彩票中了500万元而已。

C回答：有个富豪没事干，经常找我玩佐罗手枪游戏，手枪里有6个弹夹，里面只放1发子弹，他对着我脑袋打一枪，如果没死就给我200万元，去年我和他玩儿了五把，都没死，白得了1000万元，娶了你女儿后，我要和你女儿一起玩儿这个游戏，挣钱太容易了。

你要是那个丈母娘，会选择哪个人当你的女婿呢？

选择产品如同选择女婿，如果只看收益，就会陷入误区。不同的投资者对风险偏好是不同的，对风险的敏感度和承受能力也是不一样的。中国人民银行党委书记、中国银行保险监督管理委员会郭树清主席在"2018年陆家嘴论坛"上也提示大家，理财产品收益超过6%就要打问号，超过8%就很危险，超过10%就要做好损失本金的准备。因此，我们老年人在做投资决策时，一定要挑选与自己风险承受力相匹配的产品。

信博士提示

对于一款理财产品，判断其好坏，就要考虑理财产品的三性，即安全性、流动性和收益性。

　　有没有某一产品安全性好、收益率高、流动性也好，能够让投资理财产品的三个特性都能完美体现呢？在这里给大家泼一盆冷水，这样的理财产品是不存在的！假如存在这样的一款理财产品，那么大家都会去买，这样这个理财产品的规模会急剧扩大，一旦规模扩大后，必然会造成三个特性中的某些特性变差，通常是收益率变低或者流动性变差。艺术品投资就是如此，投资潜在收益非常高，但由于其专业性要求也很高，所以限制了投资的流动性，并且一旦买到假货就具有很大的风险（安全性差）。所以老年人如果是出于个人爱好，适当购买收藏就好，不要将其当作投资品而大量投入资金，比如说有些人买了很多邮票、纪念币等作为收藏品，其实这些东西未来都很难变现。

　　所以理财产品的这三性是矛盾统一的。如果有人跟你说一款理财产品收益高、变现快、又安全，此刻你的脑中要浮现出一句话——"此人是骗子"，然后赶紧跑。

　　当然，仅靠理财产品三性的不兼容并不能完全识别一款理财产品的好坏，只是作为一个初步的判断依据，后面的章节会给大家继续介绍各种投资理财产品。

三、科学做好理财规划——家庭理财规划的 4321 分散性原则

老年人要避免仅进行简单的产品购买，而应树立科学规划、分散组合投资的理念。目前使用多、认可度也高的就是分散投资方式"标准普尔家庭资产配置象限图"，对资产按照 4321 原则进行分散投资，其中 10% 的资金要考虑流动性需求，这部分资金主要是为了应付日常开支，一般可以保留个人或家庭 3~6 个月的生活费，可以投资在货币市场基金、银行活期储蓄等产品上；20% 的资金要专款专用，通过购买保险等保障的方式转移家庭或个人将来会面临的风险；30% 是指客户基本不用的钱，这部分资金可以投资到可能获取高收益的股票、基金等产品中，当然也可能要承担较大的风险，这部分资金的特点是可以追求营利性，并且盈亏不会影响到自己的生活；而作为未来生活中必须开支的费用，比如说养老金等，这部分资金就必须要求把安全性放在第一位，所以把资产的 40% 放在这个象限，因为这部分资金谁也输不起，投资产品最好是相对安全且

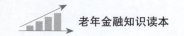

有合适收益的银行存款理财、债券等固定收益型产品。

短期消费：
3~6个月的生活费
活期，货币市场基金
短期理财
现在要用的钱占比10%

意外重疾保险：
专款专用，以小博大，
解决家庭突发大开支，
医疗保险，人寿保险
可能要用的钱占比20%

财富的使用
价值和时间价值

基本用不到的钱占比30%
重在收益：
股票、基金、商业房产等
投资不等于理财，看得见
收益，看得见风险

未来一定要用的钱占比40%
保本升值：
养老金、子女教育金等；
债券、存款、银行理财等；
本金安全，收益稳定，
持续成长

"标准普尔家庭资产配置象限图"不是某个经济学家或投资专家发明的理论，而是标准普尔公司调研了全球10万个资产稳健增长的家庭后，对他们的资产配置方式进行分析得到的结论，是实证过的方法，老年人可以借鉴。

最后，老年人在财务规划的过程中还要遵循保持健康、适度消费的原则，如果说年轻人理财是为了增加财富的话，老年人理财就是为了更好地安度晚年，老年人应当改变传

统的观念，不要只考虑如何为子女攒钱，可适度把积蓄用
于改善生活、参加文体活动、身体保健和疾病预防等用途，
提高生活质量，保持身体健康，这其实也是理财规划，是
为减轻未来家庭经济压力而做的规划。

消费用钱篇

第二章　银行账户二三事

随着社会的发展，银行卡已成为银行业务最主要的载体，深入到我们生活的诸多方面。在现实生活中，几乎每个人的手里都有一张甚至多张银行卡，于老年人来说也不例外。

只是，于年轻人而言，银行卡的使用或许都轻车熟路；但是对于老年人来说，熟练使用银行卡可能还存在着一些问题。

有银行营业厅员工介绍，经常会遇到一种场景：某位老大爷或者大妈急匆匆地走到柜台旁边咨询，原来是想要在自助取款机上取钱，却怎么都取不出来。

为什么会出现这种情况呢？或许当您了解到银行一类、二类和三类账户（Ⅰ类、Ⅱ类、Ⅲ类账户）的奥秘，学会银行卡的必备知识后，就知道了！

一、银行卡基础知识

（一）银行卡类型

银行卡分为借记卡、信用卡。借记卡就是平常说的储蓄卡。信用卡是由商业银行对信用合格的消费者发行的信用证明，持卡人可以在规定额度内透支。

（二）借记卡账户分类

2016 年，中国人民银行发布了《中国人民银行关于落实个人银行账户分类管理制度的通知》文件，将银行账户分为Ⅰ、Ⅱ、Ⅲ类，并规定从 2016 年 12 月 1 日起，同一人在同一家银行只能开立一个Ⅰ类账户；再新开户的，仅能开设Ⅱ、Ⅲ类。Ⅰ、Ⅱ、Ⅲ类账户的功能与作用各不相同。

账户分类	Ⅰ类账户	Ⅱ类账户	Ⅲ类账户
主要功能	全功能	储蓄存款及投资理财 限额消费及缴费 限额向非绑定账户转出资金业务	限额消费及缴费 限额向非绑定账户转出资金业务

续表

账户余额	无限制	无限制	账户余额 ≤ 2000 元
使用限额	无限额	向非绑定账户转账、存取现金、消费缴费 口累计限额：1万元 年累计限额：20万元	向非绑定账户转账、消费缴费 日累计限额：2000元 年累计限额：5万元
账户形式	借记卡、存折	电子账户（也可配发实体卡）	电子账户

1. Ⅰ、Ⅱ、Ⅲ类账户是什么？

Ⅰ类账户功能齐全，主要用于大额消费、大额转账、

储蓄、投资理财等，可作为工资（退休金）账户或个人财富主账户。

Ⅱ类账户投资理财功能齐全，消费、缴费、转账有限制。既可满足日常使用需要，又可避免大额资金转出，保护资金安全。主要可用于日常稍大的开支，就相当于钱包。

Ⅲ类账户相当于"零钱包"。用于金额不大、频次高的消费，比如移动支付、二维码支付等。账户余额不超过2000元，随用随充，便捷安全。

2. 三类银行账户如何开设？

开立三类账户，主要有两种方式：一种是到银行柜面，由工作人员当面审核开立；另一种是通过电子渠道非"面对面"开立。具体如下：

开立方式	银行面对面审核	电子渠道非面对面
Ⅰ类账户	带身份证 银行工作人员面对面审核后开立	不可办理
Ⅱ类账户	带身份证 银行工作人员面对面审核后开立；可不绑定Ⅰ类账户或信用卡进行身份验证	必须绑定Ⅰ类账户或信用卡。 验证5项信息： 1. 开户人姓名 2. 身份证号码 3. 手机号码 4. 绑定账户账号（卡号） 5. 绑定账户是否是Ⅰ类账户或信用卡

续表

开立方式	银行面对面审核	电子渠道非面对面
Ⅲ类账户	带身份证 银行工作人员面对面审核后开立；可不绑定Ⅰ类账户或信用卡进行身份验证	验证 4 项信息： 1. 开户人姓名 2. 身份证号码 3. 手机号码 4. 绑定账户账号（卡号）

信博士提示

　　账户分类管理，主要目的是为了资金安全。Ⅰ、Ⅱ、Ⅲ类账户的功能逐级递减。并不是所有的用户都必须开设三类账户，主要为用户提供多项选择，通过限定功能与金额降低风险。

（三）信用卡

　　信用卡是银行基于客户信用记录，在核定限额内让用户先消费后还款的简单信贷服务。

　　1. 信用卡申请。可通过银行工作人员面对面申请或通过银行网站线上申请。银行根据客户年龄、职业、信用记录等信息进行审核，确定是否核发、确定信用额度。

　　2. 信用卡年费。信用卡年费指的是在信用卡使用过程中要向银行支付的费用，一般信用卡年费是在持卡人激活信用卡后开始，按年收取。不同的银行、不同的卡种年费不同。大部分信用卡激活并首次消费后，都能免去首年年费，而之后每年的年费可以通过刷卡满一定次数或是满一定金额来减免；一部分信用卡需刚性收取年费，不能满足特定条件进行减免。

3.信用卡免息期。信用卡对非现金交易，从银行记账日起，到本次消费的单日账单生成到还款日的期间，您只要全额还清当期对账单上的本期应还金额，便不用支付任何非现金交易由银行代垫给商店资金的利息（预借现金则不享受免息优惠）。银行都会规定最长免息期，一般为50天或56天。注意：最长免息期不是从消费日开始计算，是银行记账日到还款日，信用卡发行时都会明确告诉客户每月记账日与还款日。不是每一笔消费都可享有最长免息期，在本月记账日前消费的，该笔消费还款时间是本月还款日；在本月记账日后消费的，该笔消费还款时间是下月还款日。

4.信用卡还款。信用卡可通过转账、银行柜台缴存等方式还款，或者与个人借记卡绑定自动还款。信用卡消费，必须在规定的还款日还款，否则银行将对该笔消费金额计利息，且未及时还款行为将作为不良记录记入个人征信系统，影响个人信用。

信博士提示

信用卡主要用于消费支出，如用于提取现金视同信用贷款，当天开始收取利息。一般个人不宜办理多张信用卡，持有能满足日常消费支出的信用卡即可。

（四）安全用卡必备知识

1. 银行卡管理。一是及时做好银行卡升级。早期发行的磁条银行卡，安全性能不如芯片卡，大部分银行均可免费将磁条卡升级更换为芯片卡。二是管理"休眠户"，常年不用的银行卡（借记卡、信用卡、存折）要及时清理，到开户行进行销户。三是银行卡分类管理，将银行卡分为主账户银行卡（储蓄、投资理财）、日常消费的卡、"零钱包"的卡。四是抄录银行卡号与银行服务热线，并妥善保管，以备不时之需。

2. 银行卡保管。务必妥善保管银行卡。建议您的银行卡与身份证件分开存放，以免因无法及时办理挂失、补卡等业务而造成不必要的经济损失。

银行卡（账户）仅限本人使用，请勿将您的银行卡（账户）出租、出售、出借给他人使用。

如果银行卡（账户）遗失、被盗或发现被冒用时，请您及时拨打银行客户服务热线办理挂失，并注意留存相关非本人交易证据。

二、银行卡风险案例

案例一　银行卡（账户）出租、出售、出借他人

3 月 26 日下午，某银行接待一名前来办理银行卡的客户。办理过程中得知，客户获得了一份

"不从事具体事务，只需提供一张银行卡"就可赚钱的工作。经详细了解，客户要加入的是"美国××公司"，该公司宣扬"致富发家不是梦"，公然宣称提供银行卡，即可获得丰厚收入。此类案例有媒体报道过，提供给他们的银行卡可能会被用于洗钱、诈骗等非法活动。经银行人员解说，及时阻止客户掉入"买卖银行卡"的陷阱。

信博士提示

　　非法买卖银行卡（账户）具有极高风险。一方面，非法买卖的银行卡（账户）、身份证等可能被用于洗钱、逃税、诈骗和"刷信用"等行为，扰乱了正常的社会秩序。另一方面，银行卡（账户）涉及个人信息，如贪图小利出售，极有可能被用来从事非法活动，给自身带来巨大的法律风险，甚至要承担刑事责任。

案例二　银行卡（账户）失窃或资金被盗用

今年 5 月 13 日，许先生的手机连续收到 4 笔提取现金的短信，可并非许先生本人操作，且银行卡就在身边。许先生立即报案。经公安机关侦查，许先生的银行卡被不法分子盗用。

商业银行

阿姨，ATM出故障了么？我来帮您操作一下吧

今年 6 月，刘女士在杨家坪步行街一台 ATM 机上取款，当时机器一直没吐钞。这时，一个"好心"男子主动靠过来，很"热心"地帮助操作 ATM 机，一边操作一边询问刘女士的银行卡密码……此举被保安发现并及时阻止，男子见势不妙，匆匆离开了。

信博士提示

有些不法分子会在自助银行及 ATM 机上设置一些"机关"来窃取密码。持卡人在使用 ATM 机时，要留意周围是否有可疑的人。即使 ATM 机出现异常也不要慌张，应及时拨打发卡银行的全国统一客服热线，与发卡银行取得联系。如遇资金被盗用，也应立即联系发卡银行并向公安机关报案处理。

三、信用卡使用误区

1. 信用卡有最低还款额度，因此我借了很多钱还不起的时候，只要还最低额度就够了。

信博士提示

办理信用卡分期、信用卡取现不可以享受最低还款，还最低额度仅适合于短期内无法全部还款的客户，银行会对全部账单金额收取利息。

2. 信用卡可以透支取现，所以碰到急事我可以取一些现金出来用。

　　取现当天开始计算利息，而且收取现手续费。
信用卡用于刷卡消费才可享受"免息期"服务。

　　3.这个月我也不记得借了多少钱了，大体还个数字吧，就算没还够也只差很少了，利息也不会很多。

　　如果你在最后还款期没有全额还款，银行也是要追偿所有"免息期"的利息。例如，每个月 5 日是最后还款日，你在上个月 6 日借了 10000 元，最后还款日你只还了 9990 元，那么，下个最后还款日，你还要支付 10000 元的一个月的利息——大概为 150 多元，还有欠的 10 元和这 10 元一个月的后续利息——大概 1 角 5 分。

第三章　支付方式知多少

如今，互联网金融快速崛起，无论是在菜市场买菜还是在商场购物，除了现金支付外，都不可避免地会用到其他支付方式，如刷卡支付、手机支付。

只是，您真的了解上述支付方式吗？这些支付方式在提供方便快捷服务的同时会不会产生一些其他风险呢？那些随处可见的"收款二维码"到底安全吗？

一、刷卡支付

（一）什么是刷卡支付

消费者带着银行借记卡或者信用卡买东西，如果消费模式是"凭签名及密码"在商户的 POS 机刷卡，只需输入密码并签字确认即可完成支付；如果消费模式是"凭签名"的消费模式及"小额免密支付"时均无需输入密码即可完成支付。

（二）刷卡支付的好处

身上无需携带大量现金，出门购物比较方便；有利于

个人的财产安全；避免了找零等麻烦。

（三）常见刷卡应用场景

有外出就餐、酒店住宿、商场购物等。

刷卡支付的注意事项：

1. 不在来源不明的 POS 机上刷卡。

2. 输入密码时注意保护，警惕周边环境，防止他人窥视。

3. 打印凭条要妥善保管，不要随意丢弃。

4. 银行卡开通短信通知功能或关注微信公众号，以便实时掌握账户资金变动情况。如收到非本人消费的刷卡消费记录，需要立即做两件事，一是立即向发卡银行进行电话挂失，银行全国服务热线均可办理。二是向公安机关报案，按照警方提示留取相关证据。

二、手机支付

（一）什么是手机支付

手机支付是指智能手机通过下载特定软件（APP），签约绑定银行卡，并开通第三方快捷支付，通过扫二维码的方式进行资金结算的一种现代支付方式。

（二）手机支付的便利

用户不需要携带银行卡、现金，通过手机即可实现消费支付。运用场景非常广泛，包括便利店、菜场、商店等在内的日常生活中绝大部分消费场所。

（三）常见的手机支付工具

微信支付（腾讯公司开发）、支付宝支付〔支付宝(中国)网络技术有限公司开发〕、云闪付（中国银联开发）。支付方式包括扫商户二维码、向商户提供支付二维码。

扫商户二维码付款，本质上是转账，需要确认收款人、金额，并需要输入支付密码。

向商户提供付款码支付，是商户用扫码机具向消费者发起扣款。金额由商户发起，一定金额以下，商户扫消费者付款码收款，不需要消费者输入密码确认，直接扣款。

采取向商户提供付款码的，小额交易不需要输入密码。国内支付，单笔消费 1000 元以内的，微信、支付宝无需输入密码；境外支付，支付宝在 5000 元人民币以内，微信境外特定商户在 3000 元人民币以内，不需要输入密码。云闪付的小额免密支付关闭，每笔小于等于 300 元的交易无需验证支付密码。开通小额免密支付后，每笔小于等于 1000 元的交易无需验证支付密码。

（四）不安全使用手机支付案例

1. 王奶奶去附近的一家菜店购买新鲜蔬菜，因今日菜品限购打折，菜店前排队购买的人较多。王奶奶为尽快能购买上新鲜菜，提前将自己微信的付款二维码打开等待付款，当王奶奶选好菜品准备付款时，发现卡内的资金已不

翼而飞，王奶奶顿时不知所措。原因就是不法分子在王奶奶身后，偷偷用机具扫了她手机上打开的付款二维码，转走了王奶奶账上的钱。

2. 李大爷去药店买药，门口墙面上贴有买药返现金活动，大爷立即掏出手机，扫墙面上的二维码图片，结果造成李大爷资金受损。原来是不法分子将木马病毒程序嵌入到其生成的二维码当中，一旦误扫了此类条码，手机就可能中毒或被他人控制，导致账户资金被盗刷、个人敏感信息泄露等风险问题发生。

信博士提示

手机支付的注意事项：

1. 扫码前务必与商户确认二维码是否为商户所有。

2. 扫码后与商户确认金额、确认收款人（扫完二维码后，都会显示有"向××转账"）。

3. 来历不明的二维码坚决不扫。

4. 提供付款码时，务必注意金额输入是否准确。

5. 在商户排队等候支付时，不提前打开付款码。

📖 **微信添加伴读助手** ▷ 添加方式详见本书勒口

学习投资理财知识 享受品质晚年生活 金融知识音频/电子书/专家咨询

第四章　转账汇款有门道

当远在他乡的子女经济方面紧缺时，当正在异地读大学的孙子（女）需要生活费时，采用转账汇款的方式快捷又便利。那么，您是否知道，转账汇款也有多种方式呢？是否知道除了去银行柜台进行转账外，手机银行、网上银行也可以转账呢？

自助柜员机

柜 台

转 账

网上银行

手机银行

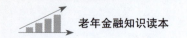

当然，无论您通过哪种渠道，下面这些关于转账的实用信息您都必须要知道。

一、转账汇款常用渠道的特点

转账汇款常用渠道有银行柜台转账、自助柜员机转账、网银转账、手机银行转账。

渠道	优势	到账时间	特点与收费
网点柜台	相关业务可面对面咨询，银行员工协助加强风险防范。	实时到账：银行立即汇出；普通到账：一般为2小时后汇出；次日到账：下一个自然日汇出。	需要本人携带身份证，要排队，手工填单速度慢。跨行转账一般要收费。
自助柜员机	自主操作，无需排队；风险防范到位：在发卡行受理后24小时内，个人可以向发卡行申请撤销转账。	受理24小时后办理资金转账。	跨行转账一般要收费。

续表

渠道	优势	到账时间	特点与收费
网上银行	方便快捷，手续费有优惠。	实时到账、普通到账、次日到账。	需有一台电脑和USBKEY，电子数字证书，并掌握网银操作技术；大多数银行线上转账手续费为0，但少数银行跨行转账收费。
手机银行	随时随地，方便快捷。 各银行各阶段拓展业务期间，手续费有优惠活动。	实时到账、普通到账、次日到账。	需要安装手机银行软件，具备手机银行使用知识，手机屏幕较小，输入需仔细。大部分银行目前免费，小部分银行跨行转账收费。

二、转账汇款的安全措施

1.外部的安全措施。一是账户、姓名核对制，银行间支付系统自动核实账户、姓名，如不一致，则汇款退回原账户。二是对转账金额进行管理。自2016年12月1日起，银行在为存款人开通非柜面转账业务时，与存款人签订协议，约定非柜面渠道向非同名银行账户和支付账户转账的日累计限额、笔数和年累计限额等，超出限额和笔数的，需到银行柜面办理。

2. 消费者自身要做的安全措施。一是不轻易给陌生人转账，如确实需要向陌生人转账，则应与家人商议，完全确认相关信息无误后，再转账。二是大额转账要谨慎，尤其是涉及通过"大额转账"方式进行投资的，要多问、多了解，确定无风险后，再操作。

转账汇款要注意，这个口诀要牢记：
是否收费问仔细，账户信息准确递；
陌生转账要警惕，匆忙操作很不利；
多问家人不保密，风险防范也容易。

第五章　配置外汇有技巧

对于您来说，忙碌多年，终于熬到了可以好好享受生活、领略世界之美的时候，是不是也在考虑到有诗有风景的远方去看看呢？如果您只是国内游，做做攻略基本上就可以了；但如果是想国外游，那么除了要做好各种规划外，合理使用外汇这重要的一步则不容忽略！

一、购汇的技巧

1. 自有额度。个人结售汇实行年度总额管理，结汇、境内个人购汇年度总额分别为每人每年等值 5 万美元便利化额度。

2. 不占用额度。如果能够证明购汇是用于留学、医疗等确有实需的用途，提供相关证明材料后可不占用便利额度购汇。

3. 使用原则。遵循实需自用原则，可用于本人的旅游、留学等实际用汇需求，但不得用于境外买房、炒股、投资分红险等尚未开放的资本项目。

4.办理渠道。客户应到外汇指定银行营业网点等正规渠道进行外币兑换。

5.信用卡境外消费后，如产生外币账单您可以使用人民币还款，不会占用您5万美元购汇额度。

二、合理使用外币现钞

1.外币现钞是什么？外币现钞一般指以纸币或辅币形式存在的外币资金。

2.私下换汇有风险。千万不要通过地下钱庄、黑市等途径进行换汇，建议首选银行进行外币兑换。

3.外币携带有限额。直接携带出境的外币现钞不超过等值 5000 美元。如果携带外币现金金额在等值 5000 美元以上，1 万美元以下（含），您需要到银行申请开立《外币携带证》，出国境时，海关凭加盖指定银行公章的《外币携带证》放行。

4. 合理用钞巧支付。在出境旅游时，建议随身携带一些外币零钞，用于乘车、便利店购物、支付小费等。大额支付建议通过使用银行卡进行支付。同时，外币芯片卡在境外的使用范围愈发广泛，在境外许多城市加油、乘坐地铁时均可使用。

三、选择合适的外币产品

银行外币理财类与外币存款类产品丰富，但各款产品的收益性、流动性、风险性均有所不同。您可以结合自己的风险偏好选择合适的产品，为了您的资金安全，信博士更推荐您选择存款类外币产品，保本保息更安心。

比如说中信银行的外币薪金煲，存取灵活，流动性高，还能有较高的存款收益；中信银行外币定制定期存款，收益较高，更适用于中长期资金打理；中信银行外币增利煲，靠档计息，提前支取也划算！

您可以根据自己的实际需求，选择适合自己的产品，让账户上闲置的外币"活"起来。

四、外汇小案例

老王的外孙优优是个品学兼优的孩子，去年被美国知名大学录取，出国留学了。幸福的老王就有了关于外汇的那些幸福事情。

老王：信博士，我外孙要去国外留学了，有些事情我不太懂，想问问你。

信博士：很乐意为您解答问题。

老王：我外孙要去国外上大学，我卡里正好有点美元，我可以直接去银行取 2 万美元，让他带着去国外花吗？

信博士：首先，按照监管政策，每人当日外币取款最多为等值 1 万元额度，超过需要另外提供材料；另外，银行从风险内控角度，对外币大额取钞业务可能采取一定审查措施。因此，建议您少带外币现钞，况且带这么多现金也太不安全了。

老王：那我可以给他汇点生活费吗？

信博士：境内个人购汇实行年度总额管理，年度便利化额度为每年等值 5 万美元，您可以用这个额度购汇并汇给他作生活费。

老王：那办理跨境汇款很复杂吗，需要什么？

信博士：境外汇款主要在于汇款单填写要求较高，必须中英文要素完整准确。建议让收款人提供姓名、账号、开户行等信息的清晰信息（电子打印，不要手写），尤其是"用途"的英文表述。每次跨境汇款的回单要保留好。不过，请您放心，我们网点理财经理经验丰富，可尽心协助您办理。

老王：那我可以通过手机汇学费吗？

信博士：现在很多银行都开通了手机银行、网上银行跨境汇款功能，费用比柜面办理还便宜，也省去了填单子的麻烦。以中信银行为例，您可通过中信银行手机银行办理跨境汇款业务，10 分钟极速到账体验，提供全额到账和汇款状态推送服务，既方便快捷又安全，如果您是我行护航白金卡客户，手续费可享受 5 折优惠哦！

一年以后，孝顺的外孙优优邀请老王去美国观光旅游，涉及境外旅游、消费相关外汇事务，老王再次请教信博士。

老王：我外孙要我去国外看他，你看我签证都办好了，我想换 2 万美元现金带出去。

信博士：这个可不行，一个人最多可以带 1 万美元现金出境，而且携带大量现金也不安全，您可以使用银行卡进行大额支付，再准备些小额现金就行。

老王：我老伴儿不方便来银行，我可以代她换美元吗？

信博士：你带着委托书、双方身份证、银行卡、双方的关系证明就可以来行办理购汇业务。

第六章　贷款业务要知晓

　　从买房、买车、买手机等个人消费到公司经营等，当自有资金周转不开的时候，贷款无疑是缓解燃眉之急的主要途径。比如房贷、车贷、信用贷等，这些贷款产品在生活中的某个时刻，很可能便帮到了您。

那么，贷款利率怎么算？如何还款才更合适？在贷款时又该防范哪些风险？……诸如此类问题是不是也是您所关心的呢？

一、常见贷款类型

个人贷款品种按贷款用途区分，有个人房屋按揭贷款、个人消费贷款和个人经营贷款。按贷款担保方式区分，贷款可分为担保贷款和信用贷款。

二、贷款利率要巧算

自 2019 年 10 月开始，商业银行贷款利率主要参考贷款市场报价利益（LPR）制定。每月 20 日（节假日顺延）

民间常说的"几分""几厘"一般指月利率

期限不同
用途不同
担保方式不同
贷款利率不同

利息
＝
贷款金额
×
年利率
×
年数

在全国银行间同业拆借中心（www.chinamorrey.com.cn）和中国人民银行网站（www.pbc.gov.cn）首面右侧中部的"贷款市场报价利率"栏目公布，公布可随时查询。

申请贷款时，商业银行贷款利率依据借款人情况及不同贷款产品，经借贷方协商一致，在贷款市场报价利益（LPR）基础上浮动，浮动方式会在借款合同中明确列明。

1. LPR 定价方式：一笔贷款的利率表示为 1 年期 LPR+15 个基点（即 0.15 个百分点），如 1 年期 LPR 为 4.25%，则实际执行的利率为 4.4%（4.25%+0.15%=4.4%）。

2. 利率的换算公式：年利率（%）= 月利率（‰）× 12。商业银行贷款合同标明的贷款利率一般都是年利率。民间常见描述的"几厘""几分"一般指月利率。

3. 银行计息方法。普通贷款计息方法，利息 = 贷款金额 × 贷款利率 × 贷款期限，如利息 = 贷款金额 × 年利率 × 年数。

三、还款方式的技巧

向银行借款后，银行与您约定还款方式，不同的还款方式会影响到您本金归还速度的快慢，也会影响到支付利息总额的不同哦！现在就来看看几种常见的还款方式。

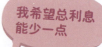

我希望一开始还贷压力没那么大

还款方式

我希望总利息能少一点

还款方式	特点	优势	劣势
等额本金	每期还款本金相同,利息越还越少	贷款期数长时,总利息支出少	前期还款压力大
等额本息	每月归还的本金和利息之和相同	每月还款金额固定,还款压力平均	总利息支出比等额本金法多,且贷款期限越长,利息相差越大
付息还本	每月只需还银行贷款金额的利息,到期后一次性归还贷款本金	资金利用率高,初期还款压力小	总利息支出多,只适用短期借款

　　李大爷的儿子买房按揭贷款 100 万元,分 20 年还清,年利率为 5%,等额本金和等额本息还款方式比较如下。

　　1. 采用等额本息还款方式。每月还款 6599.56 元,20

年累计本息和为1583893.77元，实际支出利息总金额为583893.77元。

2.采用等额本金还款方式。每月还款本金一致，每月还款本息将逐月降低，20年累计本息和为1502083.33元，实际支出利息总金额为502083.33元。

信博士提示

采取等额本金还款方式，开始月还款额高，经济负担重一些，但每月还款额逐月降低，且实际支付利息要少于等额本息还款方式。采取等额本金还款方式，每月还款金额一致，开始时经济负担小一些。借款人可以根据个人需求，与银行约定还款方式。

四、贷款常见误区

1.银行贷款不按照约定用途进行使用。如未按约定使用信贷资金，银行有权采取宣布贷款提前到期，信贷资金提前收回等措施。

2."我分期付款购买的东西，忘记还款两期，共计六百元，没有太大关系。"无论是消费贷款还是信用卡分期，逾期后不仅银行会收取一定的违约金，更重要的是还会在个人征信记录上留下"信用污点"，会影响办理其他的贷款业务。

五、警惕您身边的套路贷

套路贷，是以非法占有为目的，假借民间借贷之名，诱使或迫使被害人签订"借贷"或变相"借贷""抵押""担保"等相关协议，非法占有被害人财物的相关违法犯罪活动。

案例"以房养老"套路贷

以北京朝阳区法院 2018 年 9 月宣判的一个案子为例，案件发生在 2016 年 4 月 15 日，高叔叔在小区内看到了"以房养老"的广告，宣称只要把房子抵押出去，贷款投资项目，每月可获得三个点的高额回报，"白拿钱，无风险"。于是，高叔叔和中介签了抵押房产的公证书，将自住价值 350 万元的房子抵押借款 220 万元，借款期限仅为一个月，投向中介提供的期限一年的"理财产品"。

同时，高叔叔还和贷款人签订了债权文书，只要贷款期限到期未还款，他的房子便可以被债权人卖掉。2016 年 8 月，高叔叔购买的理财产品本金损失，房子被"贱卖"，交易价格仅为 280 万元。

更套路的是，经法院查实，高叔叔购买"理财产品"的220万元的资金最终流入贷款人账户。

这个案件从流程上来说是套路贷，从本质来说就是金融诈骗。以所谓的高收益为诱饵，诓骗老人签订表面看似合法的借贷合同、理财合同、委托协议等，最后达到坑骗老人房产的目的。

信博士提示

1. 要用钱，可贷款。根据自己的还款能力和未来收入预期，选择适合自己的贷款金额、期限和还款方式；贷款用途要合法合规，借款背景要真实。选择贷款机构"货比三家"，一选正规贷款机构；二选低利率银行贷款。

2. 按时还，惜信用。从贷款发起的次月起，一般是次月的放款时间为还款日，不要因为自己的疏忽造成违约罚息，使征信记录受影响，导致再次向银行申请贷款时无法审批。

3. 签协议、细核对。无论是向机构或个人借出资金或借入资金，认真阅读合同的条款，保存好借款合同和借据，凡是涉及"抵押担保""债权"等，务必了解自己的权利和义务，避免被"套路贷"。

投资理财篇

随着社会经济的不断进步与发展，金融投资活动越来越多地被老年朋友认识并接受。

时间倒退二三十年，大部分老年朋友说起理财恐怕只有一个途径：到银行存定期、买国债。而现在，很多老年朋友都知道投资理财有多种途径，鸡蛋不能放在一个篮子里。

俗话说"有投入才有产出，产出就是财富"。但同时，作为老年人也应该要知道，在我们通过投资理财的手段去积累财富的时候，除了要规避投资风险外，同时也要注意投资的收益是否可能会被通货膨胀抵销。

在本篇章，我们将详细地阐释各种投资理财工具与产品。您不仅能接触到银行存款和银行理财、保险、基金、信托等方面的知识，还能知道物价上涨会对利率产生何种影响。

第七章　银行存款有讲究

　　存款一定是您最熟悉的金融产品。银行存款因为有保本保息、收益稳定的特性，成为家庭资产配置中的重要组成部分。近年来，银行根据客户实际需求，不断推出创新型存款产品，在产品存期、付息方式、支取方式等方面进行组合，满足客户不同的资产配置需求。

一、常见类型

序号	种类		功能介绍	期限
1	活期		资金灵活，随存随取，收益相对较低。	一
2	定期	整存整取	固定期限，一次存入本金，到期可支取本息，支取到期自动本息续存。	半年
				三个月
				一年
				两年
				三年
				五年
3		零存整取，整存零取，存本取息	零存整取：每月存入，到期一次支取本息；	一年
			整存零取：一次存入本金，每月可支取本息；	三年
			存本取息：一次存入本金，每月支取利息，到期支取本金。	五年

续表

序号	种类	功能介绍	期限
4	定活两便	不约定存期，可随存随取，存期在 3 个月以上的，按同档次整存整取定期存款利率的 3 折计算：存期在 1 年以上（含 1 年），无论存期多长，整个存期一律按支取日定期整存整取 1 年期存款利率打六折计息。	—
5	通知存款	最低 5 万元起存，灵活性较高。	1 天 7 天
6	大额存单	最低 20 万元起存，一次存入本金，根据产品不同可选择到期支取本息或按月支取利息、到期支取本金等方式。	1 个月—五年

二、存款小技巧

日常生活中，利用一些存款小技巧，合理地改变存款方式，就可以在保持收益最大化的情况下同时增加流动性。下面介绍几种好用的存款小技巧。

（一）阶梯存储法

假如你有 3 万元，可以平均分成 3 份存为定期，存期分别设置为 1 年、2 年、3 年。1 年后，将到期的那份 1

万元再存为 3 年期，其余的以此类推。等到 3 年后，你手中所持有的 3 张存单则全都变成了 3 年期的，只是到期的时间有所不同，依次相差 1 年。采用这样的储蓄方法可以让年度储蓄到期额达到平衡，既能应对储蓄利率的调整，又能获取 3 年期存款的高利息。

（二）"12 张"存单法

"12 张"存单法又称月月储蓄法，即每月存入一定的钱款，所有存单年限相同，但到期日期分别相差一个月。如每月从工资中拿出 1000 元来储蓄，每月开一张一年期存单。一年下来你就会有 12 张一年期的定期存款单。从第二年起，每个月都会有一张存单到期，如果有急用，就可以使用，也不会损失存款利息；当然，如果没有急用的

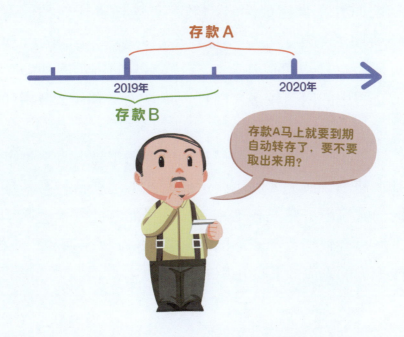

话这些存单可以自动续存，而且从第二年起可以把每月要存的钱添加到当月到期的这张存单中，继续滚动存款，每到一个月就把当月要存的钱添加到当月到期的存款单中，重新作一张存款单。当然，如果你有更好的耐性的话，还可以尝试"24 存单法""36 存单法"，原理与"12 存单法"完全相同。

（三）交替储蓄法

交替储蓄是比较简单同时适合老年朋友的一种储蓄方式。假设现在有 5 万元的现金，可以把它平均分成两份，每份 2.5 万元，然后分别将其存成半年期和一年期的定期存款。半年后，将到期的半年期存款改存为一年期的存款，这时手中就有两张一年期存单。同时，将两张一年期的存单设定成为自动转存。这样进行交替储蓄，循环周期为半年，每半年你就会有一张一年期的存款到期可取，这样也可以让自己有钱应备急用。这种储蓄方式适合手中的闲钱较多，而且一年之内没有什么急用的投资者。

储蓄是一种最普通和最常用的理财工具，几乎每个家庭都在使用，我们要利用合适储蓄的方法获得较高收益。不同的家庭财务状况各不相同，选择储蓄的方式也不尽相同，但只要根据自己家庭的实际需求进行合理配置，储蓄也能为你的家庭收获一份财富。

三、新型存款产品

最近，王大爷老是乐呵呵的，说是又多了一份工资，每月可以领到几千元，用于日常支出。经张大妈了解，原来是王大爷将自己在银行的存款改成了一种叫"月月息"的大额存单，存三年，从下个月开始，每月可以从银行领取利息。

王大爷说，"以往都是存款到期才领利息。现在好，每个月可以领利息，相当于每个月给自己发工资"。

（一）大额存单月月息特点

一是付息灵活，每月支付一次利息；二是利率较高，一般为在央行公布的三年利率上浮 40% 以上；三是起点较高，一般为 20 万元起。

（二）月月息存款案例——通过银行存款月月息，每个月给自己"发工资"

例如王大爷在银行存了 50 万元的三年期"月月息"产品，年利率 4.13%，那么王大爷每个月都可以领到 1720 元的利息。如果把利息再存为定期存款，还可以获得更高的收益。

信博士提示

1. 存款也能高收益，每月定存巧配置。

2. 每月付息存款，月月可派息，利息可以再投资增值。

3. 合理利用好银行的安全性高、变现性好的存款组合和存款技巧，可以实现财富的保值增值。

四、存款的几个误区

（一）存款随心所欲

很多人都有存钱意识，但没有具体目标，所以存钱时

完全凭心情，先消费后存钱。如果当月有 1000 元结余，就存 1000 元；可如果只有 200 元的结余，那就只能存 200 元了。这样的存钱方式并不利于财富的增长。如果连续几个月都是"月光"，那就没有一点钱可以存下来，更不可能实现原始资金的积累了。

（二）攒够一定金额后再存定期

一般人未养成定期管理，发完工资就将工资卡上的资金在银行账户上放着，到了一定金额后，再想着存定期，结果导致有大量时间钱都放在活期上，利息很低。

（三）未约定自动续存

银行的定期存款一般都有到期自动续存功能。如未约

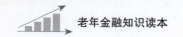

定到期自动续存，则定期到期后，这笔资金就按活期计息。

　　1. 养成强制储蓄习惯，根据个人实际情况定一个每月存款金额，比如规定自己每月必须存1000元，那可用于消费的钱就是这1000元之外的钱，这样才能真正达到储蓄的目的。

　　2. 学会计算收益，及时将活期存为定期，并注意定期的期限长短结合，确保收益最大化。

　　3. 每笔定期都约定到期自动续存。

　　📧 **微信添加伴读助手** ▷ 添加方式详见本书勒口

　　学习投资理财知识 享受品质晚年生活 金融知识音频/电子书/专家咨询

第八章　理清国债小知识

每次一到国债发行的时候，银行就会出现老年朋友排队购买的情况。那么，老年朋友们为何如此青睐国债呢？

一、什么是国债

国债又称国家公债，是国家以其信用为基础，按照债券的一般原则，通过向社会发行债券筹集资金所形成的债权债务关系。由于国债的发行主体是国家，所以它具有最高的信用度，被公认为是最安全的投资工具。

二、国债的常见类型

我国发行的国债可分为凭证式国债、电子式国债和记账式国债三种。

1.凭证式国债。可记名、挂失，以"中华人民共和国储蓄国债（凭证式）收款凭证"方式记录债权，不能上市流通，从购买之日起计息。在持有期内，持券人如遇特殊情况需要提取现金，可以到购买网点提前兑取。提前兑取时，除偿还本金外，利息按实际持有天数及相应的利率档次计算，经办机构按兑付本金一定的比例收取手续费。

凭证式国债
✓ 可记名、挂失
国债收款凭证
凭　证
✗ 不可上市流通

2.电子式储蓄国债，是指财政部在中华人民共和国境内发行，通过承销团成员面向个人销售的、以电子方式记录债权的不可流通人民币债券。电子式国债以100元赎买单位，并按单期国债设定个人国债账户最低、最高购买限制额，以区别居民储蓄。发行期结束后，可以到原购买电子式国债的承销团成员处进行提前兑取。提前兑取需做一定利益扣除，并按兑取本金的一定比例收取手续费。

3.记账式国债以记账形式记录债权，通过证券交易所的交易系统发行和交易，可以记名、挂失。投资者进行记账式国债买卖，必须在证券交易所设立账户。由于记账式国债的发行和交易均无纸化，所以效率高、成本低、交易安全。

三、凭证式国债购买小贴士

1.购买手续。凭本人身份证到代销国债银行网点购买，大部分银行网点都可以购买。

2.可挂失。如遗失相关凭证，可到原购买网点办理挂失，确保资金安全。

3. 可质押。凭证式国债可到银行办理质押贷款，应对不时之需。

4. 到期兑付。凭证式国债到期后，需持有人到银行柜台办理兑付。

四、电子式国债购买小贴士

1. 购买手续。凭本人身份证到承销团成员银行网点购买，大部分银行网点都可以购买。电子式国债也可以在每期发行首日在承销团成员的网上银行上购买。

2. 可质押。电子式国债可到承销团成员银行办理质押贷款，应对不时之需。

　　3.到期兑付。电子式储蓄国债从开始发行之日起计息，付息方式分为到期一次还本付息和定期付息。财政部于付息日或还本日通过承销团成员银行向投资者支付利息或本金。

第九章　银行理财大学问

俗话说"你不理财，财不理你"。对于老年人来说，是不是提起理财，您想到的便是五花八门的银行理财产品？到底应该怎么选择理财产品呢？

一、什么是银行理财产品

银行理财产品是指银行发行的，根据合同约定条件和实际投资收益情况向投资者支付收益，一般不保证本金支

付和收益水平的理财产品。银行理财产品投资起点金额一般为 1 万元。

二、银行理财产品的风险等级

按照产品风险等级分类，银行理财产品风险由低至高共跨度五个级别，分别为：PR1 谨慎型、PR2 稳健型、PR3 平衡型、PR4 进取型、PR5 激进型。投资者要了解产品风险评级，再根据自己风险承受能力选择适合等级的风险产品。

三、理财产品知多少

（一）怎么看期限——理财产品的几个日期

募集期：指资金从募集至起息日之间的日期。

扣款日：指资金扣划的日期。

起息日：一般资金扣款日次日为起息日。

到期日：指产品投资结束日期。

到账日：产品完成投资，完成清算，资金与收益返回客户账户的日期。

以上日期均需要以产品说明书约定为准。

（二）怎么算收益——计算方式

选择理财产品，不能光比预期收益率，还要比较购买日至起息日的间隔天数和清算的时间，才是产品的实际到期收益。案例如下。

要素 产品	产品期限	购买日	起息日	到期日	清算天数	到账日	预期收益率	实际产品到期收益
A 产品	90 天	6 月 17 日	6 月 18 日	9 月 16 日	1	9 月 17 日	4.0%	3.92%
B 产品	90 天	6 月 17 日	6 月 22 日	9 月 20 日	3	9 月 23 日	4.2%	3.88%

续表

投资金额：10 万元

购买日至起息日之间天数: A 产品 1 天, B 产品 5 天(按银行活期利率计息)

清算天数：A 产品 1 天，B 产品 3 天（不计息）

产品实际封闭天数为：A 产品 92 天，B 产品 98 天

A、B 两款产品实际到期收益率：

A 产品：90 天按 4% 预期年化收益率计算收益 +1 天按 0.3% 活期利率计算收益 =987；

A 产品的实际收益率为 3.92%（综合考虑到期清算时间）

B 产品：90 天按 4.2% 预期年化收益率计算收益 +5 天按 0.3% 活期利率计算收益 =1040；

B 产品的实际收益率为 3.88%（综合考虑到期清算时间）

除产品说明中明确规定外，任何预期收益、测算收益或类似的表述均属于不具有法律约束力用语，不构成对产品的任何收益承诺。

（三）怎么看风险——投资方向

投资方向就是银行募集客户资金后，通过投资何种产品获取收益，投资的产品决定了产品风险。一般银行理财产品投资方向包括货币市场类、固定收益类以及非标准化债权资产和其他类资产等，并会列明投资比例。安全性最高的为货币市场类产品，产品说明书上均会明确列明。

（四）要用钱怎么办——转让、质押条款

银行理财期限分为开放式（开放期内可以申购和赎回）

和封闭式。封闭式只在到期日后才能退出。部分银行理财产品有转让与质押功能，转让即可通过银行内部进行挂牌转让给其他客户，一般能迅速成交，解决资金使用问题。质押功能是指通过银行质押贷款解决临时资金需要，一般为随借随还。

四、购买银行理财的常见误区

（一）银行销售的就是理财产品

案例：2017 年初，客户张某在某银行购买的一款保本型理财产品到期后，该支行又向其推介名称为"××债券资管计划"的债券型产品，并说明该产品预计收益可能高于理财产品。2018 年，产品到期后，实际收益达不到预期，比同期理财产品少。张某才发现购买的产品是银行代销产品。

信博士提示

银行理财产品、代销产品主要区别是发行单位不同、投资方向不同、风险程度不同、产品收益不同。

（二）银行销售的理财产品，没有风险，有问题银行会兜底

2018 年 4 月 27 日中国人民银行、中国银行保险监督管理委员会、中国证券监督管理委员会、国家外汇管理局联合印发的《关于规范金融机构资产管理业务的指导意见》（银发〔2018〕106 号）明确规定：资产管理业务是金融机构的表外业务，金融机构开展资产管理业务时不得承诺保本保收益。出现兑付困难时，金融机构不得以任何形式垫资兑付。

（三）风险评估测试、风险揭示抄录是形式

购买理财产品需要风险评估的原因是要确保客户风险评估的等级不得大于理财产品的风险等级，从年龄、投资

经验、家庭收入等方面，给客户所能承受的风险做评估，帮助客户选择适合自己投资的产品，可以说风险评估问卷是保护消费者的第一道防线。

五、选择理财产品小诀窍

一看：看合同文本，看产品要素，看投资方向；了解期限、起息日、到账日、收益率区间等。看合同（产品说明书），比任何人讲的都重要。

二问：最大的风险点是什么？最不利的情况是什么？确认可能的风险后，再决定是否购买。

三确认：确认产品期限是不是符合本人对资金安排的需求；确认产品是不是在银行网银上购买或银行柜台购

买；确认是否购买成功（网银记录或柜台回单）。

合同文本是关键，要素方向与期限；

充分了解再决定，理财收益看得见。

📋 **微信添加伴读助手**

学习投资理财知识 享受品质晚年生活

金融知识音频/电子书/专家咨询

添加方式详见本书勒口

第十章　买保险就是买保障

保险的意义：生活困难时雪中送碳，生活美满时锦上添花。保险就是为年老时有所养，疾病时有所医，意外时有所治，死有所留和残有所靠。不是发财，而是避免因意外、疾病或年老失去工作能力而变穷。保险不是用来改变生活的，而是防止生活被改变。

一、什么是保险

根据《中华人民共和国保险法》第二条规定，保险是指投保人根据合同约定，向保险人支付保费，保险人对于合同约定的可能发生的事故因其发生所造成的财产损失承担赔偿保险金责任，或者当被保险人死亡伤残、疾病或者达到合同约定的年龄、期限时承担给付保险金责任的商业保险行为。

信博士提示

　　保险其实是管理风险的，是一种风险转移的有效手段。

二、常见保险产品类型

按照所保的主体不同，保险可分为人身保险和财产保险。人身保险是以人的寿命和身体为保险标的的保险，包括意外伤害保险、健康保险、人寿保险三大类。

（一）意外伤害保险

意外伤害保险指受意外伤害导致身故、残疾时，保险人按照合同约定给付保险金的人身保险。

保险公司在意外伤害保单中，一般统一将意外伤害定义为：以外来的、突发的、非本意的、非疾病的客观事实为直接且单独的原因致使身体受到的伤害。典型的意外伤害如车祸、空难、溺水、遭到袭击、食物中毒等。

信博士提示

　　疾病导致被保险人的死亡和残疾不属于意外伤害保险的保险责任范围。

（二）健康保险

　　健康保险是以被保险人的身体为保险标的，使被保险人在疾病或意外事故所致伤害时发生的医疗费用或收入损失获得补偿的一种人身保险。健康保险又可分为医疗保险、重大疾病保险、长期护理保险等。

信博士提示

　　社保中的医疗费用需要患者就诊时先付款再报销，而重大疾病保险一旦患者确诊就可以到保险公司申请赔付。

（三）人寿保险

人寿保险是以人的寿命为保险标的，以被保险人的生存或死亡为给付保险条件的人身保险。根据保险责任不同，普通型人寿保险可分为死亡保险、生存保险（年金险）和两全保险。

养老年金保险也是一种人寿保险，养老金保险通常有两个显著的特点。首先，从保险合同生效到领取养老年金之间，如果被保险人身故，享有身故保障；其次，从养老年金领取日开始，被保险人可在有生之年一直领取养老年金，同时，一般最低保证领取十年（最低保证年金），防止年金受领人过早死亡。因此，寿命越长，领取的养老年金越多，这也正是年金保险的功能体现。

信博士提示

一般来讲，适合老年朋友购买的保险产品有医疗保险、护理保险、防癌险，可提供意外伤害保险、养老社区入住资格的保险。适合老年朋友给晚辈（子女、孙子女）购买的保险有年金保险、健康保险。

三、购买保险产品的常见误区

（一）从银行买的保险产品，是银行自己的产品

在银行保险销售中，银行仅是保险的兼业代理机构，只负责代理销售保险，其他售后服务、理赔事项统统由保

险公司承担。具体要详细看保险合同中的保险公司名称、保险产品的名称。

（二）分红型保险产品的预期收益能保证

保险公司会根据经营状况，分析红利来源，并根据每张保单贡献率确定各保单的红利。影响保单红利的因素有险种、投保年龄、基本保险金额、缴费期数、保险期间等因素。

在分红型保险，保单的红利水平是不保证的，在某些年度红利可能为零。同时，在保险公司的回访电话中工作人员也是提示产品收益的不确定性。

（三）买重疾险，保障疾病越多越好

2007 年，保险行业协会统一制定了《重大疾病保险的疾病定义使用规范》，对各大保险公司疾病进行了统一，所以无论保障疾病的多寡情况，前 25 种疾病各家保险公司定义都是相同的，被称为"法定的 25 种重疾"。该"法定的 25 种重疾"在所有的理赔案件中已经占到了所有重疾险理赔的 95% 左右，可以说是重疾险的核心。所以不能简单理解重疾险种的种类越多越好。

法定的 25 种重大疾病	
恶性肿瘤	双目失明
急性心肌梗塞	瘫痪
脑中风后遗症	心脏瓣膜手术
重大器官移植术或造血干细胞移植术	严重阿尔茨海默病
冠状动脉搭桥术（冠状动脉旁路移植术）	严重脑损伤
终末期肾病	严重帕金森病
多个肢体缺失	严重Ⅲ度烧伤
急性或亚急性重症肝炎	严重原发性肺动脉高压
良性脑肿瘤	严重运动神经元病
慢性肝功能衰竭失代偿期	语言能力丧失
脑炎后遗症或脑膜炎后遗症	重型再生障碍性贫血
深度昏迷	主动脉手术
双耳失聪	

（四）我买了保险，钱就被"锁住了"

客户购买的保险过了犹豫期之后，可以选择保单质押贷款形式将钱"变现"出来。

什么是保单质押贷款呢？它是指投保人以保单作为抵押物，向保险公司或银行申请一定金额的贷款，到期按约归还贷款本息的一种信贷行为。而且投保人还无需担心保单的保障问题，因为抵押后，之前所规定的保障依然有效，在保险期内出险，保险公司也仍会依照约定支付赔偿金，只是这笔赔偿金需要优先用于还款。

（五）买保险过于关注收益，忽视保障

目前，我国国民的保险意识还是比较淡薄的，很多家庭连保障类保险都还未投保或投保不足。事实上，在保险计划的安排上，应该是优先安排保障类保险，然后才考虑有投资收益的保险产品。保障功能是根本，收益是第二位的。

四、选择保险产品小诀窍

一读合同防纠纷，二看权利与义务，三个重点须清楚，四个时期要区分，五亲笔签名再确认。

一读合同防纠纷：保险合同又称保单，它是投保人与保险人约定保险权利义务关系的协议；只要您买了保险，

就变成了投保人，保险人是提供保险服务的保险公司。

二看权利与义务：购买保险时，要牢记保单的权利和义务，比如，每年要交多少保费，保费交几年，不按时交保费有哪些后果，终止合同时自己是否有损失，投保后有哪些保险利益，也就是什么情况下保险公司给赔，哪些情况下保险公司不赔？

三个重点须清楚：第一个重点是阅读与"保险责任"相关的条款。比如，该合同所承保的保险范围，特别是关于各个保险责任对给付时间、给付条件和给付金额的描述。

第二个重点是阅读"责任免除"条款。"责任免除"

条款描述了保险公司不承担保险责任的各种情况，为了避免索赔时可能产生的不必要的麻烦，请事先看清"责任免除"条款，如有异议，应及时向保险公司咨询。

第三个重点是阅读义务。如在申请获得相关保险利益或者理赔金之前，有提供资料和如实告知的义务；为了避免保险合同中止或终止，有及时交费的义务。

四个时期要区分：观察期，又称为等待期，一般是指在保险合同生效后的一定时期内，被保险人因疾病所致的医疗费用，保险人不承担责任。大部分的医疗保险都有观察期的规定，但意外伤害类的保险没有观察期。

责任期：一般情况下，保险合同生效后，保险公司就开始承担保险责任了，但在保险合同有特别约定的情况下，保险合同的有效期和保险责任期就可能不一致了。

犹豫期：也叫冷静期，在这段时间内，您若对购买的保险不满意，可以无条件要求退保。一般来说，犹豫期为10天，在部分地区针对特殊群体如老年人客户，犹豫期可能更长一些，具体情况您可以向保险公司咨询。

宽限期：在分期缴纳保费的保险合同中，如果分期到期还没有及时缴费，保险公司会给予60天的宽限期限，只要在这60天内及时缴费，保险合同可以继续有效。

五亲笔签名再确认：读完了保险合同，确定已清楚保险合同的重要事项后，别忘了亲笔签上您的姓名，切勿让别人代签名。因为保险公司一般将代签名保险视为无效保单，作出拒赔或退保的处理。另外，代签名也隐含着巨大的道德风险。所以，为了保障自己的权益，"留名"那是必须的。

医疗意外很重要，老年朋友要知道；
提前规划买一套，风险来了有依靠。

学习投资理财知识 享受品质晚年生活
金融知识音频/电子书/专家咨询

添加方式详见本书勒口

第十一章　买基金"有套路"

如果您想要收益高一些，但是同时又不想承担太高的风险，那么有一些基金产品可能将是您的不二之选。和直接投资股票或者债券相比，基金投资不但购买起点更低，同时风险也更为分散。虽然也难免会有亏损的可能，特别是股票型基金、混合型基金等，但是如果您能够做到合理配置，从正常情况来看盈利的可能性更大。另外，如果您想要更为稳妥一些，那么债券型或者货币型基金可能更为合适。

一、什么是基金产品

证券投资基金是一种利益共享、风险共担的集合证券投资方式，即通过发行基金单位，集中投资者的资金，由

基金托管人托管，由基金管理人管理和运用资金，从事股票、债券等金融工具投资。

简而言之，就是大家（投资者）把资金集合起来交给专业人士（基金管理人）去运作，收益共享同时风险共担。

二、基金产品常见类型

基金根据投资标的不同，主要分为股票型基金、债券型基金、混合型基金、货币型基金。

股票型基金是指 80% 以上的基金资产投资于股票的基金。

债券型基金是指 80% 以上的基金资产投资于债券的基金，投资对象主要是国债、金融债和企业债。

混合型基金是指投资于股票、债券以及货币市场工具的基金，且不符合股票型基金和债券型基金的分类标准。

货币市场基金是指仅投资于货币市场工具的基金。该基金资产主要投资于短期货币工具如国库券、商业票据、银行定期存单、政府短期债券、企业债券、同业存款等短期有价证券。

三、购买基金产品的常见误区

（一）基金风险都一样

基金收益是不确定的，从风险系数来说，股票型基金风险＞混合型基金风险＞债券型基金风险＞货币型基金风险。以上四类基金都有亏损本金的可能性。

（二）基金可以像股票一样用来"炒"

大多数情况下，基金赎回都有手续费。如果频繁地买卖基金，很容易造成基金赚取的收益不能覆盖基金赎回的手续费。

（三）买多只基金就可以分散风险

有的投资者认为买多只基金就能分散风险，但如果买的多只基金都属于一个种类，比如持有 3 只同类型基金，就不能达到分散风险的目的。投资者在买基金时，一定要多了解基金的类型、投资风格、基金经理过往业绩等情况，

建议咨询专业人士后再购买，尽量避免风险过度集中。

（四）基金长线投资就是放着不动

我们买基金的目的是获利，而不是放着不动，当获得一定的收益后一定要赎回基金，将收益落袋为安。

四、选择基金产品小诀窍

王阿姨是从 2014 年 4 月开始买基金的，赶上了牛市末期疯狂上涨的阶段，随着上涨和盈利，觉得赚钱很容易。王阿姨为了赚得更多，不停地加码，到了 5000 点的时候一次性买入了 7 万元，那时候总持仓金额是 17 万元，账面盈利 2 万元。后来上证指数从 5000 多点跌到 2600 多点，最多的时候王阿姨账面亏损了将近 8 万元。该基金持有 2 年了，一直亏损，这让王阿姨很苦恼，是要继续持有呢，还是止损卖出呢？基金持有这么久还亏损，为何别人的基金在赚钱，而王阿姨的基金一直在亏损呢？

这是因为王阿姨有以下两个操作失误。

1. 高点单笔买入。导致这么严重的亏损，最直接的原因是在高点一次性买入。从而使得投入的资金呈现倒金字塔的形状。当我们发现身边之前不怎么投资的朋友都开始聊投资时，就要警惕市场的风险，避免单笔大额的买入。

2. 没有及时止盈止损。做基金投资一定要止盈止损，

在行情上涨达到投资止盈点时需要落袋为安，在行情下跌达到止损点位时需要卖出基金份额确保亏损不持续扩大。建议在投资之前就设立止盈止损等投资目标，并严格执行。

如何避免出现类似以上王阿姨的失误呢？接下来给大家推荐一个投资好帮手——基金定投。

基金定投即在固定的时间以固定的金额投资到固定的基金中，类似于银行的零存整取方式。基金定投门槛通常都较低，定投金额在 10 元或 100 元起，期限可以选择每周、每月或每季。这种投资方式需要着眼长期，因而尤为适合中长期目标的投资，如教育金、买车买房、养老金储备等。举个例子：

1.一次性投资。1 月份，每斤苹果为 3 元，阿姨一次性买 90 元的苹果，买了 30 斤。

2.基金定投。每个月花费 30 元买苹果。

每个月花费 30 元买苹果		
1 月份	3 元 / 斤	花费 30 元
2 月份	2 元 / 斤	花费 30 元
3 月份	1 元 / 斤	花费 30 元
成本 1.64 元 / 斤 4 月苹果价格回到 2 元 / 斤，盈利 22%		

　　1 月份，阿姨用 30 元买了 10 斤苹果；2 月份，阿姨用 30 元买了 15 斤苹果；3 月份，阿姨用 30 元买了 30 斤苹果。

　　阿姨分批买入，用 90 元实际买入 55 斤苹果，平均下来每斤苹果 1.64 元；若阿姨一次性在 1 月份花 90 元买入苹果，只能购买 30 斤，分批买入比一次性买入多买了 25 斤苹果。这多买的苹果，其实是在苹果价格下跌时多买的部分，加一起总数量就变多了。这个例子能够很通俗地理解到基金定投摊薄成本，多笔分批买入比一次性单笔买入更容易在波动的行情中获取收益。

　　这里还需要提示一点，基金定投建议止盈不止损，当达到投资目标时及时地落袋为安；当出现暂时的亏损时，要继续投资。这样可以利用时间来平滑波动，获取收益。

　　基金风险不可怕，分期投入有计划；长期买入平均价，牛市退出收益大。

第十二章　信托也是一种理财方式

如果您的经济条件更为宽松，即便是起投金额在 100 万元以上也能接受；如果您所追求的收益更高，而且所能承担的风险也较高；如果您有财富传承的需求，那么也可以考虑选择信托作为一种投资理财手段。只是，如何买信托产品、如何鉴别风险，则是您在选择信托产品时所需提前了解的。

一、什么是信托

按照《中华人民共和国信托法》第二条规定，信托，是指委托人基于对受托人的信任，将其财产权委托给受托人，由受托人按委托人的意愿以自己的名义，为受益人的利益或者特定

目的，进行管理或者处分的行为。

二、常见的信托类型

以信托财产的性质为标准，信托业务分为金钱信托、动产信托、不动产信托、有价证券信托和金钱债权信托。

三、信托产品知多少

（一）怎么看信托产品与银行理财的区别？

区别	信托产品	银行理财
时间	一般为 1 年以上	从 1 天到 3 年都有
风险	较高风险	PR1-PR5
资金管理机构	信托公司	银行
购买起点	100 万元起	1 万元起
投资者购买资格要求	有	无
预计收益	信托收益一般高于理财产品	

（二）怎么看信托的风险——信托理财是保本的吗？

按照银保监会的要求，信托理财产品不得承诺保本保收益。那么信托理财面临的风险有哪些呢？信托公司面临的风险种类主要有信用风险、市场风险、流动性风险、操作风险、声誉风险等。

（三）怎么买信托——购买信托理财的起点是多少呢？

信托理财一般起点为 100 万元，大部分为 300 万元，同时对于客户的购买资质有要求，2018 年发布的《关于规范金融机构资产管理业务的指导意见》提到，信托针对的客户是合格投资者，合格投资者是指具备相应风险识别能力和风险承担能力，投资于单个资产管理产品不低于一定金额且符合下列条件的自然人和法人。

1. 家庭金融资产不低于 500 万元，或者近 3 年本人年均收入不低于 40 万元，且具有 2 年以上投资经历。

2. 最近 1 年末净资产不低于 1000 万元的法人单位。

3. 金融监督管理部门视为合格投资者的其他情形。

信托风险评级较高，老年客户购买时需谨慎。

第十三章　股票投资方法论

　　"你买的哪家股票""今天涨了还是跌了""上3000点了"，作为资深股民，闲来无事到一起不讨论下股票行情、不切磋下研究股票的方法，貌似都有点枉来股市一遭的感觉。所谓"股市虐我千百遍，我待股市如初恋"，即便股龄十余年，亏损远超盈利，但是很多人对股票的热爱程度依旧没有递减。从过往经历可以看到，炒股有时也需要运气，但从严格意义上来看，专业则是更长久的。"放长线钓大鱼"，您真的懂股票吗？

一、什么是股票

　　股票是股份公司签发的，证明股东所持股份的凭证。
　　同一类别的每一份股票所代表的

公司所有权是相等的。每个股东所拥有的公司所有权份额的大小，取决于其持有的股票数量占公司总股本的比重。股票是股份公司资本的构成部分，可以转让、买卖，是资本市场的主要长期信用工具，但不能要求公司返还其出资。

二、股票和基金的区别

股票买卖是投资者自行做出决策，直接参与有价证券买卖的行为活动。而基金的基本原则是组合投资，分散风险。一般来说，股票的投资风险要高于基金的投资风险。

股票投资是指个人投资者用积累起来的货币购买股票，借以获得收益并直接承担投资风险的行为。股票投资的收益是由"收入收益"和"资本利得"两部分构成的。收入收益是指股票投资者以股东身份，按照持股的份额，在公司盈利分配中得到的股息和红利的收益。资本利得是指投资者在股票价格的变化中所得到的收益，即将股票低价买进，高价卖出所得到的差价收益。

基金投资是一种间接的证券投资方式。基金管理公司通过发行基金份额，集中投资者的资金，由基金托管人（即具有资格的银行）托管，由基金管理人管理和运用资金，从事股票、债券等金融工具投资，然后共担投资风险、分享收益。通俗地说，证券投资基金是通过汇集众多投资者的资金，交给银行保管，由基金管理公司负责投资于股票

和债券等证券，以实现保值增值目的的一种投资工具。

三、股票投资风险小贴士

1. 股票投资风险是股票投资者买入股票后遭遇股价下跌损失的可能性。一般可理解为卖出价格低于买入价格的差距，或实获股息未能达到预期的标准。股票市场交易价格往往一日数十变，价涨即获利，价跌即亏损，有时连涨数回获利丰厚，有时连跌数日损失惨重。股票市场上的机遇和风险总是同时存在，同时发展，同时减退的，投资者在期望获取高额收益的同时，必然要承担相应的巨大风险。

2. 买卖股票是一种风险投资。建议老年客户只拿一部分钱来投资，资金比例不宜太高。

3. 老人投资股票应适可而止。身体条件较好，经济较宽裕，有一定的时间和足够的精力，具有金融投资理财知识和心理承受能力的老年人可以尝试投资股票，但不宜承担过多风险。

老年人投资股票，应时刻保持风险意识，建议将投资股市的资金比例控制在自身可承受的范围，不至于承担超出自身承受范围的压力。

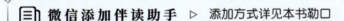

微信添加伴读助手 ▷ 添加方式详见本书勒口

学习投资理财知识 享受品质晚年生活 金融知识音频/电子书/专家咨询

财富传承篇

第十四章　财富传承有办法[1]

随着国内创富一代年龄增长，财富传承成为摆在其面前的迫切问题。财富传承到底传什么、运用何种工具进行传承是更加值得深思的问题。

财富传承规划过程中，总结下来应该关注三点：第一是传承是否精准，是否可以按照传承者的设想准确将财富传承至指定的后代；其次是传承的独立性，是否在传承过程中出现财富损失；最后是持续性，财富继承者是否能够持续从继承的财产中收益，传承财产是否得到了良好的持续管理。

财富传承涉及把财产留给谁、留多少，是否要支付相关税费，财富如何才能保留得更多，如何才能惠及第四代等诸多问题。除了将家族财富传递给后代，家族企业是否能够基业长青、家族精神是否得以永续也日益成为他们的关注点。然而现实却是代际矛盾与隔阂加深，子女继承家族企业的意愿与能力降低。

---

① 本章部分内容参考《大额保单操作实务》，作者曾祥霞、贾明军、刘长坤、陈云，法律出版社，2017年1月版。

古书上讲"守业更比创业难"，管理好现有财富，实现财富的增值和传承，比创造新的财富要困难得多。所以，通常来看，财富的传承也需要通过专业的工具和具备专业知识的人才来实现。

目前，财富传承的工具一般有赠与、遗嘱等非金融类手段，同时也有人寿保险和家族信托等金融工具，这些工具都可以实现财富传承的目的。但是，这些方式都各有什么特点呢？分别适合哪些财富传承需求？除此以外，人寿保险和家族信托等金融工具又能发挥什么作用呢？

一、赠与

赠与是财富所有人将自己的财产无偿给予受赠人、受赠人表示接受的一种行为，其实质是财产所有权的转移。赠与行为一般需要通过法律程序来完成，即签订赠与合同（也有口头合同和其他形式）。赠与一般分为直接赠与和附条件赠与。

信博士提示

直接赠与意味着财富提前进行传承，可能存在过早失去对财产的掌控力的风险，而《合同法》规定一般情况下赠与财产的权利一旦发生了转移就不得撤销赠与合同。附条件的赠与可以根据财富所有人的意愿设定更多的限制条款，但为保证合同能得以有效实施，签订附条件的赠与合同需要进行公证。

二、遗嘱继承

遗嘱继承是指按照立遗嘱人生前所订立的合法有效遗嘱的内容要求，全部将遗产或部分指定由法定继承的一人或数人继承。当前法律的遗嘱种类分为公证遗嘱、自书遗嘱、代书遗嘱、口头遗嘱、录音遗嘱。其中公证遗嘱具有最高法律效力。

信博士提示

相对于原始的法定继承，遗嘱继承更为清晰明了，可以避免很多的家庭争端，但如果家族成员关系相对复杂，则单纯以遗嘱作为传承方案仍然解决不了所有问题。

1.遗嘱效力难以保证。遗嘱属于要式行为，除了要求

立遗嘱人有完全的民事行为能力外，还要求遗嘱的内容与形式必须严格按照法律规定形式，否则不具备法律效力；另一方面，由于遗嘱的类型多样，并且被继承人可以随意和多次订立遗嘱，这就使遗嘱的效力增添了变数。同时请注意，一般有效遗嘱要求立遗嘱人亲笔手书，这一点也常常被忽略，同时也因此增加了遗嘱有效认定的难度。

2. 遗嘱的真实性容易受到质疑。除了公证遗嘱之外，其他形式的遗嘱多少都面临真实性的挑战。

3. 私密性差。继承权公证需要所有涉及的继承人（无论其是否为遗嘱继承人）共同前往公证处进行继承权公证，若继承人中身份有争议，如私生子或养子女，若有继承人对继承份额提出质疑，则遗产的继承将面临更多变数。

4. 继承权公证要求所有法定继承人和遗嘱继承人均同意该遗产分配方案。一旦发生争议，则需要履行复杂的法律程序，导致遗产长期被冻结，不利于资产的盘活运作。

5.股权继承除了要看遗嘱，还需要提交公司章程及其现任职证明。

6.继承人办理继承权公证时，需要支付较高额度的公证费。

三、大额保单

（一）大额保单的功能

1.税收优惠。作为社会的"稳定器"，大额保单在税务上是得到"特殊照顾"的。大额保单的死亡理赔金一般由保险公司直接付给受益人，而不会纳入被保险人的遗产计算，对于未来有可能开征的遗产税是有未雨绸缪的税务规划作用的。

2.保证财富分配的确定性。通过对投保人、被保险人以及受益人恰当的设计，以实现财富传承的专属性。例如，以父母一方为投保人，孩子为被保险人的年金保险，生存金受益人设定为孩子，则该保单属于其个人所有，与其配偶无关。

3.隐私保护功能。可以实现秘密传承，保险合同只需要投保人和被保险人签字即可生效，并且投保人对保单拥有绝对控制权，对保单架构的改变不需要通知其他相关亲属；尤其是在巧妙设计保单架构之后，在对后代财富传承私密性的保护之外，还能在晚年通过保单控制权预防子女不孝等风险，如此也就可以较好地避免家庭争端。

（二）使用人寿保险进行传承应注意哪些问题

1.保险公司对投被保人年龄的限制。一般被保险人的年龄上限为 65 岁左右，此时不仅保费高昂，而且保险公司很容易拒保或加费承保；如果年纪过小则可投保额有限，另外，目前国内有些保险公司不接受 16 岁以下的被保险人进行隔代投保。

2.相对对抗债务。一般来说，使用保单传承可以对抗债务，但不绝对。当作为父母的投保人欠债，那么这份保单的现金价值将作为父母的财产而可能被追偿，传承计划就会落空。

3.隔代投保效力在实践中须过"父母关"。根据《保险法司法解释（三）》相关规定，未成年人父母之外的其他履行监护职责的人为未成年人订立的以死亡为给付保险金条件的合同，当事人主张参照《保险法》第三十三条第二款、第三十四条第三款的规定认定该合同有效的，人民法院不予支持，但经未成年人父母同意的除外。

既要兼顾资产的保全隔离，又要防止后代婚姻变故导致的财富外流，还要避免子孙后代挥霍财富、坐吃山空，最好还能实现灵活私密地分配传承安排保证家庭和睦，可以了解一下家族信托。

四、家族信托

（一）家族信托的功能

1.资产隔离: 我国《信托法》承认受托财产的独立性，只要委托人用自己名下合法所有的财产设立家族信托，且设立家族信托不是为了恶意逃避债务，则这部分财产就可以完全独立于委托人的财产范围，不受委托人未来或有债务风险的影响，并且避免因遗嘱纠纷导致遗产不能顺利分配的困境。

2.财富传承: 实现家族财富的完整传承是家族信托的核心功能。一般而言，家族财富所有者希望其所创造的财富能够在子孙后代中长久传承下去。然而，对于富豪子弟而言，他们从小物质生活优渥，缺乏管理财富的动力，而在传统的理念下家族财富的维持需要家族成员不懈地努力。家族信托的出现可以为您的家族财富传承提供新的思路：信托公司通过设计资金信托与股权信托的架构安排，通过设置定期或定条件的财产分配方案，确保家族财富在子孙后代中安全稳妥地传承。

3.财产灵活分配：由于家族信托业务条款设计较为灵活，受托人可以按照委托人意愿设置灵活的、个性化的财富传承条件，保证家族财富按照委托人的意愿进行财富的管理与分配。

财产的继承最容易引起纠纷，对簿公堂的事件更是屡见不鲜，一家人反目成仇还遭人笑话，家族信托能起到什么作用呢？我们来看两个家族信托预防财产继承纠纷的例子。

案例一　王先生夫妇的财富传承

王先生和张女士早年共同创办了一家企业，多年来勤恳合法经营，积累了一些财富，但由于近几年经济形势不好，再加上两个儿子都不愿接手企业，于是夫妻两人卖掉了企业，现在持有现金资产5000万元左右。

受益人　　受益人　　信托公司　　大儿子　　小儿子

　　怎么安排这些财产，夫妻俩有自己的想法。张女士想把所有现金资产交给大儿子管理，需要钱的时候再找大儿子拿。王先生有顾虑：都交给大儿子，小儿子肯定会有意见，两个儿子都成了家，儿媳妇们会不会闹矛盾呢？以后找他们拿钱次数多了，儿子和媳妇会不会厌烦呢？这些钱无论是交给大儿子还是小儿子，老两口的财产足够安全吗？他们俩有专业的管理能力吗？假如他们陷入债务纠纷，会不会用这些资产偿还债务？再想远一点，以后老两口不在了，儿子会不会为了遗产发生纠纷？

　　带着这些疑问，老两口找到了中信银行，中信银行的贵宾理财经理为夫妻俩介绍了家族信托。

信博士提示

　　通过家族信托，两人的资产可以完全被隔离、保护起来，将来老两口再遇到债务纠纷，家族信托内的资产都是安全的，不会被用于偿还债务；在资产安全的基础上，老两口可以成为家族信托的受益人，约定每年定期分配的金额，保障高品质的老年生活；对两个儿子，可以私密地约定各自的受益比例和领取条件；老两口身故后，家族信托仍然可以遵照夫妻俩的意愿，按合同中约定好的条件分批次地向受益人分配，避免两个儿子有争产纠纷，也可以避免财产一次性到手后被挥霍一空。同时，家族信托存续期间，信托财产由专业团队负责投资管理，以实现财产的稳健增值。

案例二　遗嘱安排引起的纠纷

李先生和哥哥一起经商多年，事业很成功，两人也攒了不少钱。今年年初李先生的哥哥不幸得了不治之症，去世之前立了一份遗嘱，将自己的财产分给了妻子、3个儿女和父母。但是两个儿子对这份遗嘱的安排很不满意，其中小儿子甚至拿出另外一份遗嘱，要求重新分配。一家人因为财产的分配问题闹得不可开交，打起了官司，最后反目成仇，被邻居和朋友们看了笑话。

李先生为这件事难受了好一阵子，为了避免以后这种情况再次发生，他咨询了自己的私人律师，私人律师向他推荐了中信银行的家族信托。

信博士提示

　　李先生作为委托人可以用自己的现金、股权等财产设立家族信托；这些财产可以按照委托人的意愿，选择不同的信托投资管理方式设计个性化的分配传承安排，包括受益人范围、受益顺位、受益条件、受益比例或金额以及分配频率等。如果受托人和受益人不是同一个人，则委托人转入家族信托的财产将不会被作为遗产，不用走继承的相关流程，属于独立于委托人和信托公司的信托财产。委托人身故后，受托人（信托公司）将严格按照信托合同的约定管理、处分和分配信托财产，从而能有效地避免因继承而引起的纠纷。

　　下表中我们汇总了几种工具在财富传承效果方面的对比，可以说各有优势，但整体而言，家族信托不失为一种最优选择。

效果 / 工具	遗嘱	赠与	附条件赠与	人寿保险	家族信托
传承实现的可能性	可能落空	立即实现	立即实现	比较可靠	有保证
被继承人对财产的掌控力	好	好	好	好	好
防止子孙挥霍	不好	不好	身前可能，身后不能	身前可能，身后通过产品设计可以	能

续表

效果／工具	遗嘱	赠与	附条件赠与	人寿保险	家族信托
后代婚姻风险	有漏洞	有漏洞	有漏洞	较好	很好
被继承人的债务隔离	不好	较好	较好	不能	能
继承人的债务隔离	不能	不能	不能	能，但有漏洞	能
遗产及赠与税风险	目前没有	目前没有	目前没有	目前没有	能
和谐传承	不能	不能	不能	有可能实现	能
其他限制	旷日持久	成本较低	成本较低	成本较低	成本较高

（二）想咨询和办理家族信托业务怎么办？

目前大多数国有银行和大型的股份制商业银行以及一些信托公司都逐步开始开展家族信托业务。中信银行依托中信集团境内外金融平台优势，是境内第一批研究家族信托的金融机构，从 2015 年开始正式推出家族信托业务，至今已为上千位高净值客户提供了家族财富传承服务，具备专业的服务能力。如您需要咨询了解家族信托业务，可以前往银行网点咨询。

　　赠与、遗嘱、人寿保险、家族信托都能在财富传承中发挥一定的作用，也各有优劣，关键还要看财富传承人的具体情况和需求，选择合适的工具进行组合搭配。但无论如何选择都应该未雨绸缪、精心规划，确保家庭财富能够平稳过渡，其意志能够得以传承。

资金安全篇

第十五章　资金安全要牢记

一、个人信息安全要记牢

生活中，几乎每个人都接到过类似的电话，"您需要购买保险吗？""你的房子需要装修吗？"素未谋面的陌生人不仅能清楚地知道我们的手机号码，甚至在电话里直呼我们的姓名，连家庭地址、身份证号码都了解得一清二楚！

在信息时代，个人信息泄露引发的安全问题也日益凸显，根据公开信息，2011 年至今，已有 11.27 亿名用户隐私信息被泄露。这些个人信息的大规模泄露，除了恶意程

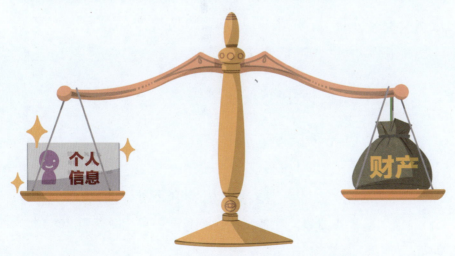

序、各类钓鱼网站、黑客攻击等导致的外，老百姓个人对于自身信息的安全意识淡薄也是原因之一。

那么，有哪些个人金融信息是不能泄露的？又要如何保护个人金融信息呢？

（一）不能随意泄露的个人金融信息

1. 个人身份信息。包括个人姓名、性别、国籍、民族、身份证件种类号码及有效期限、职业、联系方式、婚姻状况、家庭状况、住所或工作单位地址及照片等。

2. 个人财产信息。包括个人收入状况、拥有的不动产状况、拥有的车辆状况、纳税额、公积金缴存金额等。

3. 个人账户信息。包括账号、账户开立时间、开户行、账户余额、账户交易情况等。

4. 个人信用信息。包括信用卡还款情况、贷款偿还情况、亲友间的借款等信息。

5. 个人金融交易信息。包括在金融机构的存款、理财、投资、保险箱、证券账户、保险产品等产品信息。

6. 衍生信息。包括个人的消费习惯、投资意愿等信息。

（二）如何保护个人金融信息

下面的情况您是否也遭遇过？

案例一　借"复诊"机会套取个人信息

梁老先生接到了一个陌生电话，对方自称是

某人民医院的工作人员，称梁老先生前些天在医院做的检查已出结果，通知他去领取结果及复诊，还要核对身份证号码。由于梁老先生听力不太好，于是让儿子小梁先生来接电话。

"你好，请问我爸爸在医院做的是什么检查？"小梁先生问道。对方答复"抽血检查，检查甲状腺和乙肝"。小梁先生一听，心里觉得纳闷："我爸爸的身体一直很好，极少去医院做检查。即使去做检查，也是我陪着去。"因此，小梁先生断定这是一个骗局，利用老人对健康的关注，套取老人的个人信息。

信博士提示

这种诈骗方式，实际上与大家熟知的假冒公检法电信诈骗方式类似。骗子冒充医院工作人员，假意打电话给梁老先生，不断验证，为的是套取身份证、银行卡、医保卡等个人信息，后续进行资金盗取。老人因为年纪大，分辨事情真伪能力较弱，听到对方能精准地说出自己的信息，很容易相信，导致上当受骗。因而，有陌生人向您询问个人信息时必须谨慎提防。

案例二 "免费"送礼来了

广场上来了自称是某通信公司的人，免费送居民流量卡，只要提供身份证复印件，并留下手机号码，就可领取一包免费的洗衣粉。很多老人觉得通信公司信得过，纷纷留下信息，领取了免费的洗衣粉。

过了两三天，老人的手机及家里座机反复接到各种推销骚扰电话。老人及家人不堪其扰，向电信公司客服询问，得知公司从没有搞这个活动，这下才反应过来，原来个人信息已经被泄露了。

信博士提示

骗子以免费赠送为由，诱导居民填写个人信息或扫取二维码，从而获取居民个人信息，从事非法活动。合法的机构做活动时，均会在居委会、物业等机构组织下进行。因此，请与此类机构确认后再参加活动。

看到上面的案例，您是否了解到一些防止信息泄露的方法了？防止个人金融信息泄露，特别要注意以下行为：

1.不能将自己的身份证件、银行卡等转借他人使用；

2.不能随便透露个人金融信息、财产状况等基本信息，随意在网络上留下个人金融信息；

3.办理金融业务时，不能委托不熟悉的人或中介代办，谨防个人信息被盗；

4.身份证复印件上要注明使用用途，例如："仅供××××××用"，以防被不法分子移作他用；

5.不能随意丢弃刷卡签购单、取款凭条、信用卡对账单等。对写错、作废的金融业务单据，应撕碎或用碎纸机及时销毁，不可随意丢弃，以防不法分子捡拾后查看、抄录、破译个人金融信息。

个人金融信息保护小诀窍：

街头填写小问卷，关键信息易泄露；

遇人向你借手机，始终留意别远离；

贪图免费要不得，Wi-Fi扫码须谨慎；

陌生网站不要点，一不小心钱被盗；

卡号密码要保密，陌生电话勿轻信；

重要资料需锁好，不能让人来捡漏；

证件卡片自己用，账单丢弃要撕碎；

情况紧急速报警，冻结账户马上做。

二、远离非法集资

刚退休不久的刘大爷买菜时，碰见一家公司号称为居民提供福利，赠送免费旅游，包吃包车不收钱。这种好事一定要参加！刘大爷赶忙登记好，第二天就跟着30多位老年人到一个度假村，免费吃喝玩乐。

度假村风景优美，设施齐全，旁边还有一个建筑工地

正热火朝天地施工。这家公司的工作人员带领老人们参观了工地，并告知他们，公司专门投资养老项目，目前这个养老度假村正在扩建，可租赁也可销售，也可先租后售。签订合同后，还可按销售产品预售款 16%~19% 的比例向客户返还高额推广费，合同到期后还本付息等，现在投资特别划算。很快，刘大爷一行纷纷签订购买合同，心里盘算着能早日入住度假村。

不久后，公司"跑路"了，一大批像刘大爷这样的老年人，血汗钱血本无归。

"天上不会掉馅饼"，世上也没有"免费的午餐"，老年人更应注意抵制诱惑，守好自己的"钱袋子"。

近年来，部分不法分子打着"以房养老""区块链""虚拟货币""高利息返还"等高大上的投资项目或收益旗号，开展非法集资活动，极大损害了人民群众的利益。什么是非法集资？怎么才能守护好老年人的血汗钱？

（一）识别非法集资

根据《最高人民法院关于审理非法集资刑事案件具体应用法律若干问题的解释》，非法集资是违反国家金融管理法律规定，向社会公众（包括单位和个人）吸收资金的行为。

远离非法集资，首先要知道非法集资的表现形式，老百姓生活中经常遇到的非法集资形式大体分为四类：

1.承诺高额回报，编造"天上掉馅饼""一夜成富翁"

的神话。

暴利引诱，是所有诈骗的有效手段。不法分子为吸引更多的群众，往往许诺投资者以奖励、积分返利等形式给予高额回报。为了骗取更多的人参与集资，非法集资者开始是按时足额兑现先期投入者的本息，然后是拆东墙补西墙，用后集资人的钱兑现先前的本息，等达到一定规模后，便秘密转移资金，携款潜逃。

2.编造虚假项目或订立陷阱合同，一步步将群众骗入泥潭。

不法分子以种植红豆杉、火龙果，养殖蚂蚁、黑豚鼠再回收等名义，骗取群众资金；有的编造内部房源、集资建房等虚假项目，骗取群众"投资入股"；有的以商铺返租等方式，承诺高额固定收益，吸收公众存款；有的以托关系帮助孩子入学、找好工作、办理高额信用卡等骗取钱财。

3.混淆投资理财概念，让群众在眼花缭乱的新名词前失去判断。

不法分子有的利用电子黄金、投资基金、网络炒汇、信托投资、上市公司高息借款等新的名词迷惑群众，假称为新投资工具或金融产品；有的利用专卖、代理、加盟连锁、消费增值返利、电子商务等新的经营方式，欺骗群众投资。

4.装点门面，用合法的外衣或名人效应骗取群众的信任。

为给犯罪活动披上"合法"外衣，不法分子往往成立公司，办理完备的工商执照、税务登记等手续，以掩盖其非法目的，而无实际经营或投资项目，但如果细看公司营业执照，则可以看到营业范围内不含投资理财等内容。这些公司往往在豪华写字楼里办公，聘请名人作广告等加大宣传，骗取群众信任。

（二）如何防范非法集资

血汗钱来之不易，老百姓投资需谨慎，做到"十拒绝"来防范：

1.以"看广告、赚外快""消费返利"为幌子的要拒绝；

2.以境外投资股权、期权、外汇、贵金属等为幌子的要拒绝；

3.以投资养老产业可获高额回报或"免费"养老、"以房"养老等为幌子的要拒绝；

4.以私募入股、合伙办企业为幌子，但不办理企业工商注册登记的要拒绝；

5.以投资虚拟货币、区块链等为幌子的要拒绝；

6.以"扶贫""互助""慈善""影视文化"等为幌子的要拒绝；

7.在街头、商场、超市等发放投资理财等内容广告传单的要拒绝；

8.以组织考察、旅游、讲座等方式招揽老年群众的要拒绝；

9."投资、理财"公司、网站及服务器在境外的要拒绝；

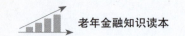
10. 要求以现金方式或向个人账户、境外账户缴纳投资款的要拒绝。

信博士提示

如果发现自己的钱被非法集资，您可以先尝试撤回资金，因为非法集资平台在运营初期仍有兑现可能，及时撤回资金可挽回损失，同时应向当地公安机关报案，避免相关人员携款潜逃。

三、谨防金融诈骗

独居在北京郊区 69 岁的王阿姨收到一条来自自称是"社保管理中心"的信息，告知有一笔 3000 元的社保补贴金未领取，请及时咨询办理。王阿姨按照短信号码回了过去，接电话的人自称是社保局的，在问清王阿姨的社保卡号后说可以获得 3000 多元的社保补助，但是要持银行卡到银行 ATM 机操作一下。对方服务态度也非常好，表示可以电话不挂断，全程指导王阿姨操作。王阿姨非常开心，立即按照对方的要求来到银行 ATM 机旁，在对方的指点下一步步操作，等到操作完成，对方挂了电话，阿姨才发现卡里的几万元都没了。当她再打电话找对方时，骗子的电话再也没法打通了。

这样的案件已经不止一次出现，仔细思考，领取社保

金额为什么还要在银行机器上操作？还要输入密码？以小利益诱惑骗取百姓资金，就是金融诈骗的主要表现形式。

（一）常见金融诈骗五种类型

1. 冒充身份类诈骗钱财

老王接到了一个陌生电话，对方自称是某快递公司的"客服"，告知有一个快递因为收件人老王的身份信息有问题，现被海关扣住。这位快递公司的"客服"还透露，扣住的原因是老王涉及一起巨额诈骗案，"警方"怀疑老王有洗黑钱的嫌疑，要逮捕他。

老王被吓了一跳，连连否认。该"客服"又好心告知可能是因为遗失后被人盗用了身份信息，只要老王好好配合民警办案，就能洗清嫌疑。随后，"客服"贴心地帮老王转接了一位市公安局的张警官。张警官给老王做电话笔录后，要求老王将名下的银行卡内的资金都转入"安全账户"让"警方"进行清查。老王立即跑到附近的银行，将名下所有的资金都转入了对方提供的"安全账户"内。随后，张警官的电话挂断了，而老王也意识到自己被骗了。

犯罪分子通常会冒充各种身份来诈骗，比如说冒充公检法、社保局、银行、金融机构、老师、同学、朋友等进行诈骗。

犯罪分子的诈骗手法也是多种多样，通过手机短信、街头小广告散布办理社保补贴、信用卡等信息吸引客户，然后以"验资"缴纳开卡费、卡片激活费、劳务费为由，要求受害人汇款，从而达到诈骗的目的，还有的以提升信用卡额度为由，要求受害人提供银行卡卡号、有效期、卡背面3位数字以及绑定手机所收到的验证码，从而盗刷受害人信用卡。

冒充公检法机构工作人员的诈骗，通常还会威胁受害人涉嫌信用卡大额透支、洗黑钱、银行卡大量资金来源不明、贩卖毒品、电话卡恶意欠费等，要求受害人将资金转移到指定的安全账户，然后趁机将受害人资金全部转走。

冒充老师、同学和朋友等的诈骗人，还会以孩子在学校打架需要赔偿，或遭遇车祸、突发疾病等为由，诱骗家长汇款。

信博士提示

不要轻信低投入高回报和无来由的灾祸。无论实施诈骗的借口如何改变，犯罪分子都是通过对受害人制造紧迫感或诱惑力的方式实施诈骗，利用恐惧、紧张、贪婪等心理应激反应进行诈骗。老百姓遇到此类情况时，一定要向相关部门核实，核实时要拨打110或者政府机构公开的联系电话，而不是对方提供的所谓报案号码。社保卡没有透支消费功能，如果参保人员的社保卡或医保卡出现不能正常使用的情况，可以到街道劳动保障服务中心或区县社保分中心咨询。需要透露银行卡密码和到ATM机操作的一定要咨询银行工作人员。

2. 小恩小惠为假，虚假销售为真

陈老太是一位独居老人，一日在去菜场的路上遇到两个年轻人说免费赠送某报刊3个月，于是她很高兴地提供了自己的电话与地址。随后，小李不但每月来送报刊，同时还经常上门来"探望"她，陪她聊天、帮做家务。半年内，刘老太陆续在小李处购买了数万元的保健品。然而，食用后并没有任何效果，当刘老太提出疑问时，小李突然变得没有耐心，也再不来上门探望了。

不法商家利用老年人渴望交流、渴望亲情的心理搞感情促销，或者表面推销项目投资、现金购股，以高收益诱惑老年人进行投资理财，实则目的都是推销价格虚高或三无的产品。

信博士提示

老年人购物需谨慎，凡是上门推销的产品，须与子女确认过为正规产品的再决定购买；任何物品均有保质期，大量购买囤积导致过期，既浪费又有危险。

3. 中奖高息有奖励，奖金未到钱先失

白先生在市中心步行街捡到 4 张"河北某实业集团有限公司"回馈客户的"刮刮卡"奖券。其中三张"刮刮卡"已刮开，还有一张没动过，白先生刮开后，发现中了二等奖，29.8 万元。几天后，白先生拨打奖券上的兑奖热线，对方提出兑奖要缴纳综合管理费、公证费、个人所得税等各种费用。白先生随后陆续向对方汇了 7 万多元后，才意识到被骗而后报警。

比较幸运的是经过调查，警方调查发现情况属实，于是逮捕了犯罪分子，不幸的是诈骗资金已经被挥霍一空，白先生的钱已经拿不回来了。

此类诈骗会通过彩票、短信提醒中奖等形式传达到人，高额诱饵有承诺兑付高额利息诱骗受害人投资、以"精准扶贫"为由建立微信群骗取投资款、冒充知名企业印制虚假中奖刮刮卡或电视节目场外幸运观众要求提前交税费、手机积分可以兑换诱骗受害人点击链接直接转走资金等。

信博士提示

老人遇到"意外中奖"情况，一定要提高警惕，不要轻信，可以通过多个渠道核实事件的真实性，一旦发现受骗，请第一时间报警，由警方进行处理。

另外请注意，凡是打着类似民族资产解冻旗号进行敛财的，让您交钱的，不管钱多钱少，都是诈骗；凡是自称"党中央、国务院领导干部"，通过电话、微信、电子邮件、QQ等方式进行所谓的"委托""授权""任命"的，均是诈骗；凡是声称缴纳数十元、上百元会费就能获利数万元、数十万元甚至数百万元的各类基金会、项目、APP，均是诈骗。

4. 欠费广告及其他陌生汇款，生活诈骗要小心

牛老先生接到一位自称是某银行客服工作人员的电话，告知其名下有一张银行卡涉嫌重大刑事案件。

电话里，对方称牛老先生已被通缉，要求提供名下所有银行卡账号和密码。老先生半信半疑时，手机上收到一条带有链接的短信，"检察院"的官网上挂着一张通缉令，牛老先生的照片、身份证号码等信息赫然在列。老先生害怕了，赶紧按照对方的指令，一步步执行操作，将6张银行卡账号和密码都告诉了对方。结果，银行卡里的资金都没了。

生活中，我们常常能收到短信或电话告知水电煤欠费、订票被取消要联系某电话、短信提醒大额刷卡要求联系银行核实、子女受伤要求汇款、适龄老人相亲请联系等信息，但实际上都是诈骗手段。

信博士提示

收到类似短信时，应第一时间拨打相关机构的官方电话确认，凡是要交手续费之类的都极有可能是诈骗。遇到转账要求，切勿提供自己的银行账户、卡号、验证码等信息；要经常读书看报，关心国家大事，开阔自己的视野，尤其要多关注一些法制栏目的文章和节目，从别人上当受骗的经历中汲取经验；凡是要付钱的留个心眼儿，自己拿不定主意时，或找老伴、或找孩子、或找自己信得过的邻居和朋友，向他们通报情况，征求意见，商量对策。

5. 陌生链接有危险，点开骗钱是"钓鱼"

杜阿姨收到一条短信，内容为"我是老张，给你发了一个老同学相册，点开链接就可以看到"，短信中有个链接。杜阿姨最近正好参加过老同学聚会，正好也有姓张的同学，于是就点击了链接，结果，手机突然间不受控制，疯狂对通讯录好友群发这条短信，并且还通过窃取支付验证码，盗刷手机银行资金！杜阿姨大惊失色，赶忙拨打电话报警。

骗子通过钓鱼网站伪装成官方电话号码，向被骗人发送引诱性短信并附链接，诱使其点开短信中的链接，输入银行卡账号、密码等重要信息或直接控制手机进行盗刷。

信博士提示

　　收到的短信里有任何的网址链接，都不要轻易点击。收到类似信息，应第一时间向官方客服核实，或问问自己的儿女，不要直接与短信里提供的电话联系。特别要注意的是，不要随意将个人卡号、密码、验证码、身份证号码等信息在链接中填写并透露给陌生人。

（二）遭遇金融诈骗的处理方式

　　1. 立即拨打金融机构电话，冻结账户不再对外支付，并及时修改交易密码等。

　　2. 如果是通过 ATM 机卡转账，24 小时内可以联系银行撤回。

　　3. 不管是不是已经产生了损失，都应第一时间拨打110 报警，报警速度一定要快，并且用简练的语言告知民警骗子的银行账号、电话等相关信息。

　　4. 及时到属地派出所或者刑警队做笔录。

　　5. 保存好相关证据，如转账凭证、与骗子联络的相关凭证以及其他相关的证据资料。

　　6. 如果是因为手机点击链接而造成资金被盗刷，要及时将手机刷新。

第十六章 法律知识记心中

一、金融法规保护消费者安全

为保护金融消费者合法权益，金融机构制定了各层级、各机构关于消费者权益保护的法律法规，其中，规范金融机构提供金融产品和服务的行为，维护公平、公正的市场环境，促进金融市场健康稳定运行，2016 年，中国人民银行制定《金融消费者权益保护实施办法》。各金融机构

建立了金融消费者权益保护相关部门，制定了个人金融信息保护、金融产品和服务信息披露、金融产品和服务信息查询、金融消费者风险等级评估、金融消费者投诉处理、金融知识普及和金融消费者教育、金融消费者权益保护工作考核评价及金融消费者权益保护工作内部监督和责任追究、金融消费纠纷重大事件应急处理的各项内控制度。

（一）保证金融信息被金融消费者完整、准确接收、理解

"金融机构对金融产品和服务进行信息披露时，应当使用有利于金融消费者接收、理解的方式。对涉及利率、费用、收益及风险等与金融消费者切身利益相关的重要信息，应当根据金融产品和服务的复杂程度及风险等级，对其中关键的专业术语进行解释说明，并以适当方式供金融消费者确认其已接收完整信息。"

（二）保证金融机构尊重金融消费者意愿

"金融机构应当尊重金融消费者购买金融产品和服务的真实意愿，不得擅自代理金融消费者办理业务，不得擅自修改金融消费者的业务指令。"

（三）保证相关资料的留存

"金融机构向金融消费者说明重要内容和披露风险时，应当依照相关法律法规、监管要求留存相关资料，留

存时间不少于 3 年，法律、行政法规、规章另有规定的，从其规定。"

（四）保证诚信原则

"金融机构进行营销活动时应当遵循诚信原则，金融机构实际承担的义务不得低于在营销活动中通过广告、资料或者说明等形式对金融消费者所承诺的标准。"

（五）不得捆绑销售

"金融机构在提供金融产品和服务的过程中，不得通过附加限制性条件的方式要求金融消费者购买协议中未作明确要求的产品和服务。"

（六）做好投资者教育

"金融机构应当制订年度金融知识普及与金融消费者教育工作计划，结合自身特点开展日常性金融知识普及与金融消费者教育活动。金融机构不得以营销个别金融产品和服务替代金融知识普及与金融消费者教育。"

（七）保证金融消费者投诉的权利

"金融消费者与金融机构产生金融消费争议时，原则上应当先向金融机构投诉。金融机构对投诉不予受理或者在一定期限内不予处理，或者金融消费者认为金融机构处理结果不合理的，金融消费者可以向金融机构住所地、争议发生地或者合同签订地中国人民银行分支机构进行投诉。"

二、金融业务中的法律常识

金融机构保护消费者的权益，但是在日常生活中，老百姓也会不理解金融机构的一些做法，事实上，在金融机构保护消费者权益时，消费者也需要在日常生活中保持警惕，预防风险。

案例一 发现假币要没收

客户陈先生前往某银行存其营业款，银行柜员在将纸币过验钞机时，发现有一张纸币经过几次查验均无法识别，再经过人工复核后确认这张纸币为假钞。银行柜员向客户告知这张纸币为假币，并说明根据监管要求，假币必须没收。陈先生当即非常激动，表示不存钱了，要求银行退回假币。银行工

作人员耐心地向陈先生讲解真币与假币的区别，又详细讲解假币鉴定方式，并出示相关假币管理办法给客户看，陈先生最终理解假币被没收的原因。

根据《中国人民银行假币收缴、鉴定管理办法》第二章第六条规定，金融机构在办理业务时发现假币，由该金融机构两名以上业务人员当面予以没收，且收缴的假币不得再交予持有人。

信博士提示

人民币是我国的唯一法定货币，大家都要接触它、使用它，它和每个人的生活都有密切的关系。假币犯罪严重干扰了货币流通正常秩序，造成了人民群众的财产损失，破坏了人民币的信誉。假币的收缴是为了控制假币的进一步流通，维护更多消费者的权益。

案例二　点击非法链接导致资金被盗，找银行补偿被拒绝

李先生收到一条声称能够办理高额信用卡的短信，随后致电短信里的联系电话表示想要办理。对方要求其缴纳工本费、代办费等费用，李先生表示同意。对方向李先生发送了一条带有链接的手机短信，要求李先生点击开付款，结果李先生点击后，银行卡中的 6 万元资金被转走。李先生向公安局报案，经认定遭遇诈骗。

案发后，李先生认为银行作为金融机构，与

其形成储蓄合同关系，银行应该承担储户的资金安全保管责任，故要求银行赔偿全部损失。银行网点认为李先生因其个人点击非法链接，导致遭遇木马病毒入侵造成损失，故拒绝赔偿。该案件转至当地法院审理。

当地法院审查认为，根据《最高人民法院关于在审理经济纠纷案件中涉及经济犯罪嫌疑若干问题的规定》第十一条规定，人民法院作为经济纠纷受理的案件，经审理不属于经济纠纷案件而有经济犯罪嫌疑的，应当驳回起诉，将有关材料移送至公安机关或检察机关。经公安机关审查，将此案立为诈骗案件立案侦查，至今尚未破案。

《中华人民共和国消费者权益保护法》有如下规定：第十一条，消费者因购买、使用商品或者接受服务受到人身、财产损害的，享有依法获得赔偿的权利。第十二条，消费者应当努力掌握所需商品或者服务的知识和使用技能，正确使用商品，提高自我保护意识。

李先生初次收到短信后未与银行确认短信的真实性，泄露个人重要信息，第二次又点击非法链接导致损失，未尽到保密义务，因此，资金损失需待公安机关追回。

信博士提示

金融机构通过消费者权益保护宣传活动、消费者权益保护读物、消费者权益保护提示等，多方尝试保护消费者权益。金融消费者也须不断加强自身风险防范意识，才能从源头上杜绝上当受骗的可能性，而要做到这一点，最重要的就是要妥善保管银行卡和身份证、密码等重要信息。

案件三　贷款担保酿祸端，连带还款遭损失

陆先生在 2015 年应好友要求，向一位中间人提供身份证为他人作担保。2017 年，陆先生接到法院起诉通知，才发现自己为陌生人张某作担保的贷款出了问题，张某不能偿还贷款，由李先生连带归还。

经调查，陆先生亲自陪同张某在银行办理贷款并签字确认担保，在放款时，银行工作人员再次向陆先生说明担保合同的内容，且确认是本人携带有效证件签署合同。

　　根据《中华人民共和国担保法》第十八条规定：当事人在保证合同中约定保证人与债务人对债务承担连带责任的，为连带责任担保。第二十一条规定：保证担保的范围包括主债权及利息、违约金、损害赔偿金和实现债权的费用。保证合同另有约定的，按照约定。因此，陆先生签署保证合同时是在借贷双方协商一致的基础上订立合同的，意思表示真实，合同合法有效，陆先生应当在借款人未按时偿还借款时履行担保责任，承担连带偿还责任。

信博士提示

　　金融机构从事贷款业务时需严格按照相关法律制度、规范要求为客户办理，并在办理时反复确认贷款方意愿。贷款人贷款需谨慎，对银行告知的贷款责任要明确，并重视银行提示，特别是贷款担保，贷款拖欠不还记录还有可能纳入个人征信记录。

案例四 购买基金遭损失，银行索赔遭拒绝

马女士在某银行网点买入银行代销基金5万元，由于市场波动，半年后损失6%。马女士不接受基金损失，称不知道购买的是基金，要求银行赔偿全部损失。在银行拒绝后，马女士上诉至法院向银行、基金公司提起诉讼，要求裁决被告赔付基金损失和利息损失。

案件经一审、二审，法院均驳回诉讼请求；马女士向省高院申请再审，还是被驳回申请。马女士再次向人民检察院申请抗诉，检察院以不符合监督条件为由，作出不支持监督申请决定书。

本案中，银行作出不予赔偿的最重要原因是：经银行审核、查看录音录像，发现马女士是在银行网点购买基金，理财经理首先为其做风险评估，并根据测评结果为马女士推荐符合其风险承受能力的理财产品和基金产品。购买前，理财经理反复提示基金非保本保息产品，投向为股票，有随着市场波动导致本金亏损的风

险，马女士表示接受并购买基金，并签署《开放式基金交易协议书》《开放式基金交易类业务凭证》及《基金投资风险提示函》等相关文件，银行也向马女士发送了相关确认短信。因此，可以认定，马女士是在知情情况下购买的基金产品。

《中华人民共和国证券投资基金法》第九十九条规定：基金销售机构应当向投资人充分揭示投资风险，并根据投资人的风险承担能力销售不同风险等级的基金产品。在银行履行了充分的风险告知义务，并推荐风险匹配的产品的情况下，客户出于自身判定购买基金时，作为具有完全民事行为能力的公民，应当对自己的行为负责。

信博士提示

　　银行需根据客户的风险承受能力推荐产品，同时在销售高风险产品时，均在银行网点高风险产品销售区进行，全程录音录像管控内部风险。消费者特别是老年消费者也应该充分考虑自身的风险承受能力，购买前仔细聆听理财经理的风险提示语句，并询问清楚细节，反复考虑再决定购买。

案例五　理财产品被他人"质押"后也会导致资金被盗刷

　　李先生急匆匆来到某银行网点，向银行工作人员表示他卡上的理财产品还没有到期，但是资金不知怎么被转走了。银行理财经理仔细询问李先生情况，并带客户在柜台查询了账户情况，发现李先生卡上有三笔理财产品共计 22 万元均未到期，但是通过网上银行办理了理财质押贷款，贷款金额分 3 次金额共计 19 万元被转至广东省某一账户。

原来，李先生近期接到一位自称是某检察院人员的电话，告知他的账户涉及洗钱，需要向检察院提供账户明细及个人资产情况，否则账户会被冻结。李先生毫不怀疑，将自己账户及网银用户名、网银登录密码全部告知对方。诈骗方通过登录李先生网上银行，将尚未到期的 3 笔理财全部做质押贷款，并开通网银快捷支付，在无需卡交易密码的情况下，将资金合计 19 万元转出，李先生收到账户变动短信提醒才发现不对。

银行了解情况后，赶忙让李先生报警，并通过银行系

统查询对方账户信息，但是资金已全部被转移无法追回。最后，在公安机关的协调下，李先生了解到自身轻信他人泄露个人安全信息的问题，承担本金损失。而银行出于了解李先生的特殊情况，给予该笔质押贷款的利息和滞纳金免除。

《合同法》第六十条规定："当事人应当按照约定全面履行自己的义务。当事人应当遵循诚实信用原则，根据合同的性质和交易习惯履行通知、协助、保密等义务。"

《关于使用电子银行等业务的安全提示》（2010年中国银行业协会、中国消费者协会联合发布）内提示：消费者必须妥善保管本人注册卡号、对应密码、客户证书、动态口令卡、动态口令牌等安全认证工具，因本人保管不当、密码泄露等造成的风险或纠纷由其自行承担责任。

信博士提示

消费者必须重视个人信息的保密，对于不明电话的恐吓内容不轻信，不害怕，首先与公安机关及银行等单位取得联系，再行判断恐吓内容的真实性。

第十七章　辨清真伪与虚假

在现实生活中，金融消费者能够接触到的金融机构和金融产品琳琅满目，高收益、高回报的宣传内容吸引着消费者的关注。但是，高收益的同时伴随着高风险，选择正规的金融机构和理财产品就成为首要前提。那么，如何选择呢？掌握"四看"原则，可以帮助消费者安全投资。

一、看登记

根据《中华人民共和国公司登记管理条例》规定，工商行政管理机关是公司登记机关，公司经公司登记机关依法登记，领取《企业法人营业执照》，方取得企业法人资格。

因此，查企业的登记信息，可进入国家市场监督网站查询，点击"国家企业信用信息公示系统"查询企业是否正常经营、是否存在不良征信。很多都声称自己是国资控股或央企控股查询股东的信息，在这个平台上可以查询股东信息是否真如那些机构自己宣传的一样。经过查询，"李逵"还是"李鬼"就一目了然了；点击"全国 12315 互联网平台"还可查询企业是否频频遭到消费者投诉；也可以点击"小微企业名录"查询企业的注册信息，特别留意企业成立时间及经营范围。

正规金融企业都是在监管机构的监管下开展业务的，在购买金融产品前，还可以登录中国银保监局的官网，打开"信在线办事"——金融许可证查询，搜索金融机构的名称就可以看到该机构是否在监管机构登记。

二、看备案

无论是银行理财产品、券商理财、信托产品、私募基金产品、保险等产品，都可通过银保监会、证监会的官方网站查询。

例 1：银行产品，可依据"全国银行业理财信息登记系统"的登记编码在"中国理财网（http://www.chinawealth.com.cn）"查询该产品信息。未在理财系统进行报告和登记的银行理财产品一律不得对客户发售。全国银行业理财信息登记系统是由银监会指导、银行业理财登

记托管中心开发的全国银行理财产品集中登记平台，包括个人和高净值产品、私人银行专属、机构专属、银行同业专属等银行理财产品均在系统中登记。

例2：私募基金产品，在"中国证券投资基金业协会（http://www.amac.org.cn）"官网的信息公示系统中查询备案信息。如未在该协会备案，就是非法集资。

三、看用资人和风控措施

正如借钱给别人时需要搞清对方借钱的目的一样，投资理财产品时，资金的去向和用途也是很重要的。一般来说，正规的金融机构发行产品，都会阐明筹集资金的用途。投资人可以根据产品资料分析用资项目的情况，判断产品的真实性。如果一款理财产品的资金用途

表述模糊不清，难以自圆其说，选择时就需要慎重。那么合理的资金用途一般有哪些呢？拿信托举例来说，信托产品的资金往往用于投资于优质的工商企业，此类企业的融资用于项目投资或日常经营，赚取利润，用途合理，并且利润可以覆盖资金成本。

选择产品时也要考虑到产品设计的风控措施，假如真的出现借款人无法还款的情况，投资人的利益是否有充分的保障。很多理财产品会选择信用度比较高的企业进行担保或设置抵押来控制风险，比如信托理财产品往往会采用土地抵押、连带责任担保、股权质押等方式进行风险控制，并且抵押物的价值要大于借款的金额。

四、看营销的规范性

正规的金融机构由于受到监管，并且秉承对投资人负责的态度，在营销方面往往会显得比较"克制"。首先投资是有风险的，正规的金融机构不会避讳这一点，会明确地向投资者表明产品可能面临的风险，而不会一味地强调

录音录像区域

风险适应性调查

"零风险"，不会承诺"保本保息"。其次，正规的金融机构会有专门的销售区域。银保监会监管下的金融机构，还会进行录音录像，确保销售过程透明，对投资人和机构间的权责给予清晰的解释。最后，正规的金融机构会对客户进行风险适应性调查，判断客户的风险承受能力，避免风险承受能力不足的客户购买较高风险等级产品，帮助客户控制风险。

总而言之，骗子机构往往急于让投资人尽快"掏钱"，营销的流程能省则省，而正规机构会更重视营销的合法合规。

附件：金融机构分类表

机构分类	机构名称	机构职能
监管机构	中国人民银行	中国人民银行为国务院组成部门，是中华人民共和国的中央银行，是在国务院领导下制定和执行货币政策、维护金融稳定、提供金融服务的宏观调控部门。
	中国银行保险监督管理委员会	中国银行保险监督管理委员会（简称中国银保监会或银保监会），是国务院直属事业单位，其主要职责是依照法律法规统一监督管理银行业和保险业，维护银行业和保险业合法、稳健运行，防范和化解金融风险，保护金融消费者合法权益，维护金融稳定。
	中国证券监督管理委员会	中国证券监督管理委员会（简称证监会）为国务院直属正部级事业单位，依照法律、法规和国务院授权，统一监督管理全国证券期货市场，维护证券期货市场秩序，保障其合法运行。
银行类金融机构	政策性银行与国家开发银行	国家开发银行、中国进出口银行和中国农业发展银行，主要分别承担国家重点建设项目融资、支持进出口贸易融资和农业政策性贷款业务的任务。
	大型商业银行	大型商业银行包括中国工商银行、中国农业银行、中国银行、中国建设银行及交通银行。大型商业银行是我国银行体系的主体，以获取利润为经营目标，以经营存贷款、办理转账结算为主要业务，以多种金融资产和金融负债为经营对象，具有综合性服务功能，对我国经济金融的发展起着重要作用。

机构分类	机构名称	机构职能
银行类金融机构	股份制商业银行	股份制商业银行是指大型商业银行以外的全国性股份制商业银行、区域性股份制商业银行的总称。中信银行、招商银行等属于全国性股份制商业银行。
	城市商业银行	城市商业银行是中国银行业的重要组成和特殊群体，其前身是20世纪80年代设立的城市信用社，当时的业务定位是：为中小企业提供金融支持，为地方经济搭桥铺路。从20世纪90年代中期，以城市信用社为基础，各地纷纷组建城市商业银行。
	农村金融机构	农村金融机构主要包括农村信用社、农村商业银行、农村合作银行、村镇银行、农村资金互助社和贷款公司，主要从事农村地区的银行金融服务业务。
	中国邮政储蓄银行	中国邮政储蓄银行是在邮政储蓄的基础上组建的。中国邮政储蓄银行主要依托和发挥网络优势，以零售业务和中间业务为主，为城市社区和广大农村地区居民提供基础金融服务。
	外资银行	外资银行指依照有关法律、法规，经批准在中华人民共和国境内设立的外商独资银行、中外合资银行、外国银行分行、外国银行代表处。
证券类金融机构	证券交易所	证券交易所是为证券集中交易提供场所和设施，组织和监督证券交易，实行自律管理的法人，目前包括上海证券交易所和深圳证券交易所。

续表

机构分类	机构名称	机构职能
证券类金融机构	证券公司	证券公司指经批准而成立的专门经营证券业务，具有独立法人地位的有限责任公司或者股份有限公司，可以承销发行、自营买卖或自营兼代理买卖证券。普通投资人的证券投资都要通过公司来进行。
	证券服务机构	证券服务机构是从事证券投资咨询、证券资信评估服务、证券集中保管等证券服务业务的法人机构。
	期货公司	期货公司是指依法设立的、接受客户委托、按照客户的指令、以自己的名义为客户进行期货交易并收取交易手续费的中介组织，其交易结果由客户承担。期货公司是交易者与期货交易所之间的桥梁。
	基金管理公司	基金管理公司是指依据有关法律法规设立的对基金的募集、基金份额的申购和赎回、基金财产的投资、收益分配等基金运作活动进行管理的公司。证券投资基金的依法募集由基金管理人承担。基金管理人由依法设立的基金管理公司担任。担任基金管理人应当经国务院证券监督管理机构核准。
保险类金融机构	保险公司	保险公司是依照法律法规和国家政策设立的经营商业保险和政策性保险的金融机构。
	保险中介机构	保险中介机构是介于保险人和被保险人之间，专门从事保险业务咨询与推销、风险管理与安排、保险价值评估、损失鉴定与理算等中间服务活动，并获取佣金或手续费的组织。

机构分类	机构名称	机构职能
其他类金融机构	金融资产管理公司	金融资产管理公司指经国务院决定设立的收购国有银行不良贷款，管理和处置因收购国有银行不良贷款形成的资产的国有独资非银行金融机构。
	信托公司	信托公司是指依法设立的，以营业和收取报酬为目的，以受托人身份承诺信托和处理信托事务的金融机构。
	企业集团财务公司	企业集团财务公司是以加强企业集团资金集中管理和提高企业集团资金使用效率为目的，为企业集团成员单位提供财务管理服务的非银行金融机构。
	金融租赁公司	金融租赁公司是指经国务院银行业监督管理机构批准，以经营融资租赁业务为主的非银行金融机构。
	汽车金融公司	汽车金融公司是指经国务院银行业监督管理机构批准设立的，为中国境内的汽车购买者及销售者提供金融服务的非银行金融机构。
	货币经纪公司	货币经纪公司是指经批准在中国境内设立的，通过电子技术或其他手段，专门从事促进金融机构间资金融通和外汇交易等经纪服务，并从中收取佣金的非银行金融机构。
	消费金融公司	消费金融公司是指经国务院银行业监督管理机构批准，在中华人民共和国境内设立的，不吸收公众存款，以小额、分散为原则，为中国境内居民个人提供以消费为目的的贷款的非银行金融机构。

续表

机构分类	机构名称	机构职能
金融行业自律组织	中国银行业协会	中国银行业协会是经中国人民银行和民政部批准成立，并在民政部登记注册的全国性非营利社会团体，是中国银行业自律组织。2003 年中国银监会成立后，中国银行业协会主管单位由中国人民银行变更为中国银监会。
	中国证券业协会	中国证券业协会是依据《中华人民共和国证券法》和《社会团体登记管理条例》的有关规定设立的证券业自律性组织，属于非营利性社会团体法人，接受中国证监会和国家民政部的业务指导和监督管理。
	中国期货业协会	中国期货业协会是依据《中华人民共和国证券法》《期货交易管理条例》和《社会团体登记管理条例》的有关规定设立的期货行业自律性组织，属于非营利性社会团体法人，接受中国证监会和国家民政部的业务指导和监督管理。
	中国证券投资基金业协会	中国证券投资基金业协会是依据《中华人民共和国证券法》《中华人民共和国证券投资基金法》和《社会团体登记管理条例》的有关规定设立的证券投资基金业自律性组织，属于非营利性社会团体法人，接受中国证监会和国家民政部的业务指导和监督管理。
	中国保险行业协会	中国保险行业协会是经国务院保险监督管理机构审查同意并在国家民政部登记注册的中国保险业的全国性自律组织，是自愿结成的非营利性社会团体法人。
	中国银行间市场交易商协会	中国银行间市场交易商协会是由市场参与者自愿组成的，包括银行间债券市场、同业拆借市场、外汇市场、票据市场和黄金市场在内的银行间市场的自律组织。其是经国务院、民政部批准成立的全国性非营利性社会团体法人。

后 记

屈原在《离骚》中说，"路漫漫其修远兮，吾将上下而求索"。保持终身学习，才能够获得更高质量的人生。无论是学习新事物，还是掌握新技能，都是对自己年轻时未实现梦想的追逐，让人生更加丰满。

近年来，国家倡导"老有所学"，全国各地的老年教育如火如荼，各类文体课程更是丰富多彩。然而针对老年人的，全面的、通俗易懂的金融课程仍是空白。在撰写过程中，我们调查了多位老人的心声，发现这个需求确实还是很大的。本书所阐释的如何保障自己的养老资金安全，不被不法分子骗取；如何投资理财，让自己的财富得以有效传承；如何适应并熟练使用现代化的支付手段等，的确是老年人所关心和关注的问题。而投资理财带来的财富增值，也能够让老年人感受到成就感和价值感。

本书由中国老龄协会和中信银行联合撰写。在撰写过程中参阅了大量的教材和资料，在此向相关学者、作者表示感谢。如有疏漏，敬请谅解，也真诚希望读者能提出更多宝贵意见，我们将在未来不断完善。

　　莫道夕阳晚，为霞尚满天。愿每位老人都可以在晚年生活中继续实现自己的个人价值，实现老有所养，老有所医，老有所教，老有所学，老有所为，老有所乐。